『 治国良臣 』系列

一身正气 于谦

姜正成◎编著

郑州大学出版社

郑州

图书在版编目（CIP）数据

一身正气——于谦 / 姜正成编著 . —郑州：郑州
大学出版社，2018.1

（治国良臣）

ISBN 978-7-5645-4263-4

Ⅰ . ①一… Ⅱ . ①姜… Ⅲ . ①于谦（1398-1457）– 传记
Ⅳ . ① K827=48

中国版本图书馆 CIP 数据核字（2017）第 078734 号

郑州大学出版社出版发行

郑州市大学路 40 号　　　　　　邮政编码：450052

出版人：张功员　　　　　　　　发行部电话：0371-66658405

全国新华书店经销

虎彩印艺股份有限公司印刷

开本：710 mm×1 000 mm　1/16

印张：15.5

字数：208 千字

版次：2018 年 1 月第 1 版　　　印次：2018 年 1 月第 1 次印刷

书号：ISBN 978-7-5645-4263-4　定价：43.80 元

本书如有印装质量问题，请向本社调换

前 言

于谦，杭州钱塘人，字廷益，号节庵，是明代名臣，民族英雄。生于明朝洪武三十一年（1398年），他的出生地离西湖不远，死后也葬在这里，供后人瞻仰凭吊。

于谦少年聪明颖异，勤奋好学，胸怀大志。永乐十九年（1421年）中进士。宣德初年授御史，出按江西，迁兵部右侍郎，巡抚河南、山西。他为官清正廉洁，关心百姓疾苦。任地方官期满回京述职时，他写下"清风两袖朝天去，免得闾阎话短长"的诗句，意思是，他不拿百姓一根草，也不给权贵送一两银，表明自己廉洁坦荡的胸怀。

正统十四年（1449年），于谦召为兵部左侍郎。土木之变中，明英宗被俘，郕王朱祁钰监国，他临危受命，就任兵部尚书，力排南迁之议，决策守卫京师。他与诸大臣请郕王即位，为明代帝，断绝瓦剌以英宗为人质、"奇货可居"的企图。

瓦剌兵逼京师，于谦亲自督战，军民同仇敌忾，一举击退之。最终迫使也先遣使议和，使明英宗得归。明英宗从此幽居南宫。

几年后，明代宗病重。朝中的几个投机分子石亨、曹吉祥、徐有贞等人暗中商议，准备拥明英宗复位，史称夺门之变。

明英宗复位后，给于谦定下一个意欲谋逆罪，处以死刑。直到明宪宗即位才予以平反，明孝宗弘治二年（1489年）追授为特进光禄大夫、柱国、太傅，谥肃愍。万历年间，改谥为"忠肃"。

　　于谦与岳飞、明末抗清英雄张煌言并称"西湖三杰"。清代著名诗人袁枚在拜谒岳飞和于谦之墓后，曾信口吟出"赖有岳于双少保，人间始觉重西湖"的不朽名句。

目 录

无畏的开端

　　钱塘县所在的杭州是历史名城，对于谦的成长有很大影响。由于有不平凡的抱负，他"濡首下帷，足不出户"，勤奋读书，而且处事端敏，识大体。他喜欢读先秦两汉的典籍，喜欢苏东坡的文章，对古今天下"何以兴，何以亡，何以治，何以乱"尤为用心。

岁寒松柏心

　　于谦在山西、河南巡抚任上先后十九年，终年栉风沐雨，驱驰于山川道路之上，为国为民费尽了心血。十几年间，于谦已经齿落发白。

　　于谦为国操劳，难有闲暇顾及家事。他把妻子和女儿留在北京，把家务抛在一边。他的父母都在杭州老家，他以不能亲自奉养而自咎，便将儿子于冕送到老家。于谦要求于冕侍奉祖父母，还要努力研读经史，莫负青春。

第三章 内忧外患

　　正统十一年（1446），铮铮铁骨的于谦，准备进京见皇帝，朋友们都劝他给王振带上一点儿礼物，他坚决不同意，两袖清风，来到京城，结果被王振暗地指使其党羽李锡给他加上对皇帝不满的罪名而关进监狱，并判处死刑。后来在山西、河南两省官民进京伏阙请愿的压力下，王振才免了于谦的死罪。王振依仗英宗的宠信，大发淫威，虐焰之炽烈已达顶点。

第四章 土木之变

　　邝埜看到大事无可挽回，在退朝之时，紧握着于谦的手说："御驾亲征，凶多吉少，国家大事就要败坏在王振手里了。皇帝既要亲征，我是兵部尚书，职责所在，不能不去。老弟高才，将来一定是国家的栋梁。我走之后，请老弟承担重任，担负起保卫京师的职责。有老弟在，我就完全放心，但愿将来有相见之日！"话未说完，已经潸然泪下。

第五章　临危受命

当时通州官仓存粮有数百万石，有人建议放火烧掉，以免资敌。于谦不肯，他奏请明代宗下令，颁发京城官员九个月的俸粮，预发士兵六个月的饷粮，叫大家自己到通州粮仓去领。他还发动京城百姓协助政府运粮，凡能从通州官仓运粮二十石交给京城官仓的，发给运费白银一两。

命令一下，全城军民忙得热火朝天，运粮的队伍汇成一股洪流，白天车马相接，夜里火把通明，家家都有存粮，人心安定。

第六章　夺门之变

明代宗过了小家子气，不近人情。历年每逢明英宗生日和元旦这两个节日，礼部都按例上奏请朝贺太上皇，明代宗一概不予应允。如果允许走一下形式，不仅无损于他的地位，臣民们还会认为他友爱兄弟。屡次不允，结果于明英宗的政治感召力无损，而自己却反而落得个不仁的名声。他废除明英宗之子朱见深的储君之位，更增加了群臣对明英宗的同情。这也为后来的宫廷事变埋下伏笔。

无言的结局

史称于谦被害时，"行路嗟叹，天下冤之"。当如狼似虎的锦衣卫奉命查抄于谦家产时，发现这位太子少保兼兵部尚书却家无余资，四壁萧然，只有一摞一摞的兵书。一向铁石心肠的锦衣卫官员，也禁不住潸然泪下，呜咽失声。

于谦含恨归西后，其尸体一直裸露街头，无人敢于收尸。都督同知陈逵为于谦忠义所感召，冒险收拾了于谦的遗骸，暂厝于西山。次年，于谦的女婿从南方千里迢迢赶来，将其灵柩运回故乡杭州，安葬于西湖边的青山之上，与岳飞的墓地相距不远。

第一章

无畏的开端

钱塘县所在的杭州是历史名城，对于谦的成长有很大影响。由于有不平凡的抱负，他『濡首下帷，足不出户』，勤奋读书，而且处事端敏，识大体。他喜欢读先秦两汉的典籍，喜欢苏东坡的文章，对古今天下『何以兴，何以亡，何以治，何以乱』尤为用心。

英俊少年

　　于谦生于明朝洪武三十一年（1398年）。他的出生地离西湖不远，就在杭州钱塘县太平里。

　　于谦生来聪明颖异，六岁时被送到外塾去读书，他不仅勤奋好学，而且逐渐显露出机变的才能。

　　永乐十年（1412年），于谦已是一个十五岁的英俊少年了。因他才学出众，被录取为钱塘儒学生员，生员也称诸生，就是平常所说的秀才。于谦并不是一个读死书的书生。他胸怀大志，关心天下大事。受祖父的影响，他从小就爱慕苏武、诸葛亮那样的优秀人物。他的家自从他祖父时起，便收藏有一幅南宋丞相文天祥的画像。他钦敬文天祥的气节品行，决心要做一个像文天祥一样以天下为己任的人。他在文天祥的画像上写了一篇赞词，称赞文天祥"殉国忘身，舍生取义，气吞寰宇，诚感天地"，以表自己的心志。于谦将这幅文天祥像悬挂在座位旁边，几十年如一日。

　　钱塘县所在的杭州是历史名城，对于谦的成长有很大影响。由于

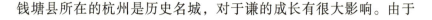

有不平凡的抱负，他"濡首下帷，足不出户"，勤奋读书，而且处事端敏，识大体。他喜欢读先秦两汉的典籍，喜欢苏东坡的文章，对古今天下"何以兴，何以亡，何以治，何以乱"尤为用心。

于谦锐意功名，却并不阿附权贵，时时显示出刚直端洁的品格。一次巡按御史到钱塘县视察，指定要于谦讲书，以便有机会见识这个特立刚正的少年。于谦镇定自若，按照规定，向各位官员作揖行礼。然后，他要求各位官员一律跪在讲案面前。这一突如其来的要求，令官员们大为惊异。御史说："按礼仪规定，在讲案前不应行跪礼。"于谦说："今天所讲，是高皇帝的《大诰》三篇，我不敢不跪，各位官员也应该下跪。"高皇帝就是明朝开国皇帝朱元璋，《大诰》是朱元璋拟写的诰文，是神圣不可冒犯的。于谦要求各位官员在《大诰》

西湖于谦祠

面前下跪，他们也不得不敬畏地跪下了。于谦的讲解详明贴切，无懈可击。最后，连挑剔的御史们也不能不佩服于谦的学识和胆量。

永乐十五年（1417年），于谦二十岁。他以第一名的成绩考取为钱塘县的廪生。廪生由官府每月给每人廪米六斗，还要给予鱼肉，并且免除其家二丁的差役。成绩好的学生才能考中廪生。在这个人文荟萃之地，于谦能以第一名录取为廪生，初步显露了他的才华。

初露锋芒

永乐十八年（1420年），正逢乡试大比之年。这一年于谦以第六名的成绩成为举人。第二年，于谦照例到北京去参加会试。

新年刚过，于谦乘船从京杭大运河离乡北上。与前次到山东不同，于谦更加成熟，而且已经是一位举人了。永乐十九年（1421年）明朝已经正式迁都北京，正是万象维新之时。于谦置身于这全国政治中心，更加意气昂扬。他感到自己即将肩负重任。

三场过去，于谦列榜第一名。于谦可以确定为进士了，但还必须经过廷试，由皇帝裁定最后的名次。这年廷试制策的题目是："帝王之治天下，必有要道，粤自尧、舜，至于文、武，圣圣相传，曰执中，曰建中，曰建极。千万世，帝王莫不守此以为天下治。朕自莅祚以来，夙夜祗承，亦惟取法于唐虞三代，然而治效未臻其极者，何欤？"于谦认为这是受知于皇上，报效国家的极好机会，便倾其心胸，直言不讳。三月十九日，明成祖朱棣在奉天殿圈点试卷，殿内外传唱中试者的名次，声彻内外，响遏行云。但直到第三甲九十二名才唱到于谦。于谦只得到了赐同进士出身。于谦不明白为什么会有如此的结果，很久以后，才知道是由于他的试卷"策语伤时"所致。以于谦之饱学，他不会不知道当政者之所好，以于谦之年纪也不至于不懂得打顺风旗会有利于仕途发展。但是他的正直，他以天下为己任的壮志，都不容他不直言政见。虽然于谦没有得到好的名次，但他为自己敢于言所欲言而宽慰，同时，他也明白了等待他的道路并不平坦。

于谦被任命为山西监察御史。监察御史隶属于都察院，虽仅为正七品官，但权力很大，专职察纠百司，凡政事得失，军民利病，都有责任直言。御史外出可以代天子巡狩，大事奏裁，小事立断。

永乐末年，广西柳州府洛容、柳城、宜山、天河诸县少数民族曾发生叛乱。叛乱虽然平息，但南方和西南地区的民族问题一直为明廷所关注。永乐二十一年（1423年），于谦奉朝命到湖广地方考察官军功过，并赴川贵等地安抚瑶民、壮民。为接近百姓，于谦脱去官服，到瑶民中去查访，了解一些官军滥杀无辜的情况。对于这位办事认真的朝中大员，驻守当地的军官们很是敬畏。于谦秉公办事，当面斥责了他们的为非作歹，而且向皇帝报告了湖广、川、贵官军贪功妄杀的罪行。朝廷下令各地官军不许邀功妄杀。瑶、壮民的情况因此多少有些改善。于谦的干练，受到朝廷内外的一致称赞。

明成祖死后，由太子朱高炽继承皇位，改元洪熙，是为明仁宗。不料明仁宗朱高炽即位不到一年就死了，由皇太子朱瞻基继承皇位，改元宣德，是为明宣宗。

在宣德朝，于谦处事明敏，而且因材貌英伟而引人注目。在奏对时，他声音洪亮，条理清楚，受到宣宗皇帝的眷顾。

 朱高煦叛乱

宣德元年（1426年），汉王朱高煦谋反，明宣宗朱瞻基御驾亲征迅速平息了此次叛乱。事情的起因是这样的：

靖难之役中，燕王朱棣起兵，世子朱高炽镇守北平。而朱高炽的同母亲弟朱高煦则跟从朱棣征战白沟、东昌有功，并在江上之战中突击成功，朱棣曾说"吾病矣，汝努力，世子多疾。"之后建立储藩府，旧臣淇国公丘福、驸马王宁均喜爱朱高煦，时时称其为"二殿下"。明朝永乐二年（1404年），朱棣却仍然立朱高炽为东宫，封次子朱高煦为汉王，镇国云南；三子朱高燧为赵王，镇国彰德。朱高煦怏怏不肯去，曰："我何罪，斥我万里。"朱棣不悦，之后太子朱高炽力求谅解，得以暂时居住于京师。之后又请得天策卫为护卫，后又请增加两名护卫。

当时朱棣曾命太子朱高炽及汉王朱高煦、赵王朱高燧、皇太孙朱瞻基同谒孝陵。太子朱高炽体肥重，且有脚病，两边人架着掖部行走，经常失足。朱高煦就在后面说："前人失跌，后人知警。"不料，皇太孙朱瞻基应声称："更有后人知警也。"朱高煦于是回顾色变。

永乐十二年（1414年），朱棣北征归还，东宫遣使迎迟，朱高煦于是造谣监国，并中伤黄淮等人下狱。永乐十三年（1415年），朱棣改封赵王朱高燧到彰德、汉王朱高煦到青州。朱高煦不想去，于是朱棣再次下敕要求其不得再辞。永乐十四年（1416年），汉王朱高煦选拔各卫壮健艺能军士随侍。永乐十五年（1417年）三月，汉王朱高煦因为有罪，改居山东乐安州。朱棣因其所为不法，称其长史史程棕、纪善周巽等不能匡正，皆斥交趾为吏。朱高煦仍然不收敛，在府中私募军士三千余人，不隶籍兵部；纵容士兵在京师内外掠夺，并肢解无罪的人投江；此外杀死兵马指挥徐野驴，僭用乘舆器物。朱棣听闻后，在返回南京时质问蹇义。蹇义不敢对答，坚持称自己不知道。又问杨士奇，杨士奇对答："汉王最初封国在云南，他不肯去任；之后改为青州，又坚持不行。现在朝廷将迁都北京，他却要留守南京。他的想法路人都能知道了。希望陛下尽早处理，使得其有定所，能够留下永世之利。"朱棣听后默然。

几天后，朱棣又得知朱高煦私造兵器，阴养死士，招纳亡命，及漆皮为船，教习水战等事，因而大怒，当面训话，将其衣冠夺走，挂在西华门内。皇太子朱高炽力求营救，才免去此事。朱棣高声质问："我为你计谋大事，不得不消除大患。你却仁柔寡断！现在我削去他两个护卫，并处在山东乐安州。那离北京很近，一旦听闻有变，朝夕就可以逮捕了。"

朱高煦抵达乐安后，抱怨连连，却更加着急地策划谋反，太子朱高炽多次写信劝诫，他竟然不听。永乐二十二年（1424年），明成祖驾崩，明仁宗即位。同年八月，召朱高煦赴京。

洪熙元年（1425年）四月，明仁宗遣汉王朱高煦之子朱瞻圻到凤阳守陵。同年五月，明仁宗去世。六月，太子朱瞻基从南京来奔丧，朱高煦在路中埋伏部队，因仓皇没有成功。同月，太子即位，改年号为宣德。七月，朱高煦陈奏利国安民四事，明宣宗对侍臣说："永乐年间，皇祖（朱棣）经常对皇考（朱高炽）和我说，这个叔叔有异心，宜防备着他。然而父亲对待他非常好。像今天所说的话，果然是出自真诚，看来他已没有从前的想法了。"于是命有关部门执行，仍然写信感谢他。

宣德元年（1426年）八月，汉王朱高煦谋反。他派一名官员抵达北京，约英国公张辅为内应，张辅当夜逮捕官员上报朝廷。此后，朱高煦又约山东都指挥靳荣等以济南为应。又分散弓兵旗，令真定诸卫所，尽夺周边郡县畜马。并设立五军都督府：指挥王斌领前军，韦达领左军，千户盛坚领右军，知州朱暄领后军。诸子朱瞻垒、朱瞻域、朱瞻㘴、朱瞻墿各监一军。朱高煦率中军，世子朱瞻垣居守。指挥韦贤、韦兴，千户王玉、李智领四哨。部署已定，伪授王斌、朱暄等大帅、都督等官。

御史李濬在发现此事后上报朝廷，于是明宣宗升其为左佥都御史，并派遣中官侯泰赐书朱高煦，问起谋反事情。侯泰在抵达乐安州后，看到朱高煦傲倨不拜敕，向南面坐。寒暄过后，朱高煦说："靖难之时，没有本王拼死拼活，怎能夺取天下，又何来今日之太平盛世！可恨父皇竟听从奸佞构陷，将我徙封于此。仁宗只知对本王施以小恩小惠，全然不顾及兄弟之情，如今侄皇帝又动用祖制威胁本王，老子早受够了！"

言毕，朱高煦抽出随身佩剑，冰冷的剑锋闪电般在侯泰等人面前划过："本王凭此一剑，横行天下足矣！回去转告你们的主子，立即将夏原吉等奸佞之臣逮捕下狱，否则本王将举兵北上，以靖国难！"

侯泰非常恐惧，只好唯唯诺诺而归。

同月，朱高煦派遣百户陈刚进疏，称明仁宗违背洪武、永乐年的制度，给文臣诰敕封赠，而现在修理南巡席殿等都是过错；又诬陷大臣夏原吉等为奸佞；又给公侯大臣写信，其中言语骄言巧诋，污蔑明宣宗。明宣宗叹道："朱高煦果然谋反了。"于是商议派遣阳武侯薛禄前去讨伐。

大学士杨荣力言不可，称："皇上难道不知道李景隆的故事吗？"当年建文帝派李景隆北上讨伐燕王朱棣，他屡战屡败，最后开门投降。皇帝听杨荣这么一说，一时默然。最终，明宣宗决定亲征。

明宣宗御驾亲征，带的全是朝中重臣，可临行前还特别指定都察院的监察御史于谦也随驾扈行。

为什么要带只有七品的于谦呢？明宣宗自有道理。

军队在经过杨村的时候，明宣宗问从臣："你们猜测一下朱高煦会出什么计谋？"从臣对答道："乐安城很小，他们会首先取济南为老巢。"又有人称："他们肯定不愿意离开南京，现在已经率兵南去。"明宣宗称："不对，济南虽然近，但是不好进攻；听闻大军抵达，亦没有空闲进攻。护军家都在乐安，不肯抛弃家小南走南京。朱高煦虽然表面强大，但内心胆怯，临事狐疑，辗转不断。现在敢谋反的原因，是轻视我年少刚立位，众心尚未归附。他又以为我不能亲征，只能派遣大将来，到时候以甘言厚利诱饵就可以。现在听闻我亲征，恐怕已经胆子掉下来了，又怎敢出战！"

明宣宗大军抵达乐安城下，命他的叔叔出城投降。朱高煦一看大势已去，只得出城受缚。但他毕竟是输给了自己的侄儿，输了这场仗，输不起这个人；输得起这个人，输不下这口气。所以他投降归投降，但出得城来居然还是死不悔改。

这时候，于谦出场了。

北京于谦祠，位于北京东单附近的西裱褙胡同

明宣宗派于谦到阵前参加受降，并要于谦当众历数汉王朱高煦的罪状。大家这才知道，原来宣宗带于谦随驾扈行，是要他来做"发言人"的。

于谦义正词严，吊民伐罪，滔滔不绝，朱高煦伏地战栗，汗出如浆，连称罪该万死。

皇帝非常满意，赏赐了于谦和随行群臣。

 ## 巡按江西

宣德二年（1427年），于谦奉敕以监察御史之职巡按江西。

协管左军都督府，在京锦衣、府军右、留守左、骁骑左、骁骑右、龙虎、龙虎左、大宁中、义勇前、义勇后、英武、水军左十二卫，晋府长史司，及直隶镇江、太平两府，镇江、建阳、沈阳中屯各卫，平定、蒲州两千户所。

于谦启程的时间当为宣德二年（1427年）的农历二月，虽然北方仍然是春寒料峭，但是南方春光明媚，杨柳吐芽，这是一个充满着温暖和希望的季节。胸怀期待和激情，于谦以《二月三日出使》诗记录了当时的兴奋和拯世济民之心："春风堤上柳条新，远使东南慰小民。千里宦途难了志，百年尘世未闲身。豺狼当道须锄殄，饿莩盈歧在抚巡。自揣匪才何以济，只将衷赤布皇仁。"

尽管从明代开国到于谦巡按江西的这段时期，国家的生产力一直处于上升的态势，但是于谦诗歌中描述的"饿莩盈歧"的惨状仍然不可避免地存在。首先，土地兼并使得百姓丧失土地和家园，饱受流离失所之苦。

贪官奸吏是古代社会永远无法根除的社会毒瘤，也是百姓苦难生活的根源之一。出身贫寒的朱元璋对贪官污吏有切肤之痛，因此他十分重视吏治的整顿，严禁各级官吏玩忽职守，蠹政害民，并用严刑峻法惩治贪官，毫不手软。洪武十五年（1382年）的"空印案"波及全国，因受此案牵连被杀的官员有数千人之多。洪武十八年（1385年）户部侍郎郭桓以盗卖官粮七百万石被杀，受此案牵连被杀的有几百名官员、地主、商人等。

朱元璋对贪官污吏的惩治之严酷乃至凶残也是历史罕见的，这些反贪政策对整顿吏治起到了一定的作用，但是仍难以根除贪污腐败，因为没有另一种力量监督统治阶层，只靠自我约束是不可能的。在皇权专权体制下，腐败不可能根除。到仁宣时期，明初严急的政策趋于缓和，贪官奸吏有所抬头，这也就是于谦所说的"豺狼当道"了。兼

（右侧竖排）第一章

无畏的开端

之明前期经济繁荣、社会稳定，君臣们陶醉于天下升平的景象，他们奢华的享乐生活自然是以百姓的苦难为代价的。

于谦注定是为拯救百姓和国家而生的。他的目光穿过了"仁宣之治"的繁华表象，关注到了那些沉溺于歌舞升平的大臣们视野所不及的社会危机和人民的深重苦难。在臣僚们的莺莺歌乐之外，于谦听到了赋税重压之下或是自然灾害肆虐之后，农夫村妪的深长哀叹和处于饥馑中的婴儿的凄厉啼哭，听到了监狱中冤屈者的幽怨悲鸣……哪怕是以一己之单薄的力量，于谦也希望能够解救他们，认为这是上苍赋予给的职责。

当时，江西布政使司的最高行政机关为承宣布政使司、提刑按察使司、都指挥使司。三司分别由中央直接节制，分权而治，互不统属。承宣布政使司掌一省行政事务，设左、右布政使各一人，官秩为从二品；设左、右参政若干名，官秩为从三品。提刑按察使司掌一省刑名按劾之事，设按察使一人，正三品；设副使若干名，正四品。都指挥使司掌管一省军事，负责管理所辖区内卫所以及与军事有关的各项事务，为平时地方最高军事领导机构。设都指挥使一人，正二品；都指挥同知二人，从二品。而于谦虽然身为巡按，但是品秩仅为正七品，于谦要面对的是品秩远远高于自己的那些官员。

其次，是那些豪强，其中最强者莫过于皇族宗藩宁王府。宁王朱权（1378—1448年），明太祖朱元璋的第十七个儿子，洪武二十四年（1391年）受封。就藩巨镇大宁（今辽宁锦州），大宁在喜峰口外，东连辽左，西接宣府，为军事重镇。朱权挟兵甲八万，革车六千，数次会诸王出塞，在众多兄弟中以善谋著称。建文元年（1399年），朱允炆怕他挟重兵与另一个强悍的叔叔朱棣共同谋逆，于是派人召他到南京。这个朱权和他的哥哥朱棣一样不把懦弱的侄儿皇帝放在眼里，拒不受命，于是被削去三护卫。朱棣见这个弟弟很有智谋，为可用之人，就设计将其挟入燕军，为己所用。朱棣发动"靖难之变"，为了拉拢弟弟，许诺朱权事成之后与他中分天下。朱棣登基后，朱权知道，哥哥当初的许诺已经不足为信了，甚至还会成为祸根，于是知趣地乞封南土，自请苏州、钱塘等，朱棣都借口不允，终于在永乐元年（1403年）的二月改封南昌，这一去就是二十二载。直到朱棣驾崩，朱高炽即位，朱权认为自己的亲侄儿会顾念自己协助靖难之功和长期偏居南国之苦，于是以南昌非其封国，奏请改封，然而亲侄儿驳回了他的请求，他只能继续待在远离京城的南昌，直至正统十三年（1448年）终老于此。宁王府作为皇族宗藩，成为江西的最大势力，根基雄厚，盘根错节，难以撼动也很少有人敢于撼动。到了明武宗正德十四年（1519年）第五代宁王也就是朱权的五世孙朱宸濠，集众十万，起兵南昌反叛，史称"宸濠之乱"，被著名儒帅王阳明平定，宁王之藩被除，这是后话。

一到江西，于谦就着手兴利除弊。其中最能体现于谦至刚大勇的是对江西宁王府的挑战。宁王朱权府中官属素来恃势骄横，为害一方，常借"和买"之名，掠夺商民的货物。"和买"是唐代以后以购买为名的一种变相赋税，宋代极为盛行。宋太宗赵匡义一朝春季将库钱贷给农民，夏秋间令农民以绢偿还，名为"预买"。北宋宋仁宗年间，官府买绢以钱三盐七作价，实际给价极少。宋哲宗时已演变成重利盘剥。宋徽宗时，盐、钱皆不支给。南宋初令和买绢折钱缴纳，名折帛钱，成为田赋附加税。元朝"和买"成为民户负担的重赋。明朝开国后，朱元璋规定不准以"和买"扰民，但商铺仍有供应义务。

但是，宁王府倚恃自己的特殊身份，骄纵不法，常常以"和买"为借口，豪夺商民，将胆敢争论者扭至王府，乱打致死，江西商民在王府的暴虐之下，忍气吞声，不敢抗争。而江西布政使司、按察使司等衙门却慑于王府威势，没有人敢挺身而出，阻止并惩治王府对商民的豪夺，官府的懦弱纵容了宁王府的骄横，于是愈演愈烈，成为江西的一大祸患。

于谦深知，此害不除，就遑论澄清一方吏治，因此，就策略而言，于谦巡按江西的第一把火就必须烧向宁王府。他明察暗访，查清事实，逮捕了近二十名宁王府官属中骄纵不法者，将其定罪，并立碑

明宣宗朱瞻基画像

垂戒。于谦此举的意义在于敲山震虎，也给江西百姓出了长期郁结在心头的怨气，于是，颂声满道。那些贪官奸吏和豪强歹徒见于谦连宁王府都敢于得罪，自然缩气屏息，再不敢胡作非为，然后于谦趁热打铁将诸多扰民害民之举革除殆尽。

　　于谦所做的另一件为江西人民所称颂的事情是"清理积案，雪冤囚数百人"，数百人至少是数百个家庭，以此推算，于谦堪称造福一方，功德无量，无怪乎江西人感戴于谦，称之为"神明"。当时有一个平民被仇人诬为强盗首领，匪首之罪轻者死刑，重者满门抄斩，然而毕竟属于诬陷，控方拿不出证据，因而就搁置起来，久悬未决。于谦阅读旧卷，觉得事有蹊跷，何况事关人命，于是仔细勘查，终于查

明被告者属于冤枉，并追究诬陷者之罪。

于谦巡按江西的时间约为两年，他的目光始终注视着处于社会最底层的广大民众，他轻骑简从，足迹踏遍江西的每一寸土地，寻访了无数的父老乡亲，清理了众多的积案，解救了那些备受冤屈而无望的人们。他澄清吏治，革除扰民之举。他对宁王府的抗争让江西百姓看到了正义所在。江西百姓奉祀于谦生主于郡学名宦祠，这是对于谦的最大回报。

宣德四年（1429年）于谦巡按告竣，返京复命，于谦继续履行着监察御史的使命。但是，一个七品御史，史料中相关的资料自然不会多，然而留下的零星记录也足以体现于谦为官的品德。

一则记录是"率锦衣卫官校查缉长芦一带马快船之夹带私盐者，不避权贵，置之以法，河道为之肃清"。明朝为了确保国家的经济收入，和以往的王朝一样对盐、茶等实行垄断经营，而且第一次将"盐法""茶法"纳入国家正式法典。《大明律》首次设立"盐法"及"私茶"专条，确立国家对盐、茶经营的垄断地位。明代中央管理全国盐务的机构为户部，地方管理盐务的机构为转运盐使司（简称转运司、盐运司、盐司）和盐课提举司（简称提举司）。洪武初在全国产盐地设六个都转运盐使司，即两淮、两浙、长芦、山东、福建、河东。还设七个盐课提举司：广东、海北、四川、云南黑盐井、白盐井、安宁盐井和五井。下设分司、盐课司等管理机构。政府核定各地岁办盐课的定额，一直落实到灶户。灶户所缴纳的盐课称为"正盐"，缴纳完盐课多余的部分称为"余盐"。所有余盐也要交给政府，以二百斤为一小引（大引为四百斤），官府支给工本米。明初，盐课的数额"仍依旧额（即元朝的定额）"，但是此后进行了多次调整，定额不断提高，到洪武末，全国盐课定额总数为"大小引目二百二十余万，解太仓银百万有奇，各镇银三十万有奇"。盐课在明朝政府的财政收入中仅次于田赋。明律规定，盐商必须经过法定手续，取得官方发给的专卖许可证即"盐引"方可经营，否则构成私盐罪。凡犯私盐罪者，处罚杖一百并徙三年；若有军器，罪加一等；拒捕者立斩。即便是买食私盐者，也要杖一百；如果买后又转卖者，杖一百并徙三年。国家鼓励百姓告发私盐犯和私盐犯自首，并且严厉打击倒买倒卖盐引和盐货的商人。灶户如果将余盐夹带出场及货卖的处以绞刑。如此峻法就是为了确保国家的财政收入不受丝毫损减。

位于渤海岸边的长芦盐场自古以来是中国主要产盐区，所生产的盐就是著名的"长芦盐"。当时，长芦一带常常有官吏借为皇家运送物品之机私自夹带盐出售，牟取暴利，由于违法夹带者常常是那些握有重权的人，所以有司不敢对其有所整治，以致其日渐蔓延，成为国家盐法顺利执行的一大障碍。

明宣宗朱瞻基决定惩治这一腐败现象。他必须选择一个公廉能干、敢作敢当的人，朱瞻基再一次选择了刚完成巡按江西使命回到朝廷的于谦。步入官场两年多的于谦已经初尝官场的险恶莫测，但是他仍然不懂得圆滑。他顶住压力，查清以马快船夹带私盐的官吏，肃清了河道。

另一则记录是"疏奏陕西等处官校为民害"。陕西等处官校行为放纵，不自约束，扰害地方，百姓苦不堪言，当于谦把这一状况上奏朝廷，明宣宗立即遣人查捕那些不法官校。

于谦就是这样坚守着为官的准则和道德。

娶妻董氏

永乐十六年（1418年），于谦迎娶董氏。

董氏是翰林庶吉士董镛之女。于谦和岳父互为激赏，翁婿两人严正刚直的个性很相似。董镛曾经因为直言忤逆权贵，降为济南教授，升山东永丰县令。在这种清明澄澈家风熏染中成长起来的董氏温柔贤淑，知书识礼，据于谦《祭亡妻淑人董氏文》称董氏"女红之暇，诵读诗书，每有所得，辄为文辞"，可惜董氏所作，特别是她和于谦的

往来书信没有能够流传下来。董氏上奉公婆，下睦邻里，庭无闲言。于谦倾全部精力尽忠于国家和百姓，无暇顾及父母、孩子，而董氏则始终尽心打理着家庭。

永乐二十二年（1424年），二十七岁的于谦有了长子。于谦要求儿子恪守名节，于冕一生无愧为忠义之后。

宣德四年（1429年），女儿出生。于谦希望这个女儿长大后能够如冰清玉洁般纯美，于是给她取了一个很美好的名字——璚英。"璚"通"琼"，是一种美玉。

于谦对女儿璚英宠爱有加。璚英后来嫁给了千户朱骥。王世贞《锦衣志》记载，锦衣卫都指挥使朱骥刚刚做官，担任百户的低微的官职，因家贫未娶，落魄不为人所知。曾经在当时已官拜少保的于谦门下听差。有一次于少保出门，看见了他，见他相貌堂堂，心里很喜欢，就说："我有个女儿还没出嫁，让他为你洒扫庭除，怎么样？"朱骥诚惶诚恐，连说自己配不上。于夫人听说这件事，生气地对于谦说："你这个死老头子，人家都把女儿嫁给做高官的，你怎么让她嫁给一个穷军人？"少保笑了，说："这不是你们妇人家能懂的。"最终还是把女儿嫁给了朱骥。

如果真如王世贞所言，那么于谦在择婿这件事上就毫无世俗之见，反映了他重才德轻门庭的性格特点。

朱骥后来官至指挥佥事。天顺元年（1457年）朱骥因岳父的牵累，奉命戍边。回来后，累迁都指挥使，治锦衣卫二十余年，可谓很显贵了。于璚英嫁给了朱骥，一生总的来说是平安幸福的。于谦择婿，到底没有看走眼。若是泉下有知，一定会很欣慰了。

第二章

岁寒松柏心

于谦在山西、河南巡抚任上先后十九年，终年栉风沐雨，驱驰于山川道路之上，为国为民费尽了心血。十几年间，于谦已经齿落发白。

于谦为国操劳，难有闲暇顾及家事。他把妻子和女儿留在北京，把家务抛在一边。他的父母都在杭州老家，他以不能亲自奉养而自咎，便将儿子于冕送到老家。于谦要求于冕侍奉祖父母，还要努力研读经史，莫负青春。

巡抚晋豫

宣德五年（1430年），于谦步入了人生重要的阶段——漫长的巡抚晋豫生涯。

于谦仕途上这一三级跳远式的越级升迁，首要原因是于谦在平高煦之乱、巡按江西中的卓越表现博得了宣宗朱瞻基的欣赏和高度信任。

此外，于谦的这次升迁还和另一个人物有着密切的关系——都察院右都御史顾佐。

顾佐，字礼卿，太康（今河南省太康县）人。建文二年（1400年）进士，授庄浪（今甘肃省庄浪县）知县。永乐元年（1403年），入为御史，后迁江西按察副使，召为应天尹。明朝迁都北京后，顾佐改顺天尹。后出为贵州按察使。洪熙元年（1425年），召为通政使。宣德三年（1428年），擢为右都御史。五年后，顾佐有疾，乞归，不许。明宣宗体恤其病，令免朝贺，视事如故。后致仕。正统十一年（1446年）卒。

顾佐刚直不阿，为官廉正，很受百姓的欢迎，永乐朝先后担任应天（今南京）府尹和顺天（今北京）府尹，将京城治理得政清弊革，被百姓比为"包青天"，但是这样的为官作风很招权贵忌恨，永乐时顾佐就被人陷害，一夜之间从顺天尹出为贵州按察使。但是，顾佐依然故我。好在杨士奇、杨荣欣赏他为官廉正，

于谦画像

在明宣宗朱瞻基面前力荐，朱瞻基遂将其提拔为右都御史，"命察诸御史，不称者黜之，御史有缺，举送吏部补选"。

顾佐在都御史任上不折不扣地履行着职责，视事期间，纠黜贪纵，荐举贤能，朝纲肃然。其间顾佐一直受到被他奏黜者的诬陷，好在宣德一朝有杨士奇等阁臣的保护，才得以让他在较长一段时间内发挥都御史的作用。

以这样的刚直和毫不通融置身于官场中，顾佐一定是一个特立独行者，他因此得了个雅号叫"顾独坐"，因为他在担任都御史期间"每旦趋朝，小憩外庐，立双藤户外。百僚过者，皆折旋避之。入内直庐，独处小夹室，非议政不与诸司群坐"，因而得此雅号。官员们对这个力持风纪、待人严厉、不苟言笑的都御史很害怕，自然谈不上

成为知交。

但是，顾佐还是在这个朝廷上找到了和他意气相投的人——年轻的于谦，他们彼此赏识，颇有交往。他们都是孤清、倔傲、刚直的人，他们坚守着古代知识分子的仁、义、礼、智、信以及不入俗流的操行。于谦从政之初，对顾佐是一种仰望的目光，即使后来于谦在朝廷中的地位可以和顾佐平起平坐时，对顾佐仍然充满着仰慕之情。正统年间，顾佐因受到明英宗的指责不得已上章致仕，于谦写了一首题为《都御史顾公致政有喜》的诗歌安慰老朋友："天下归来两鬓苍，故园草木尽辉光。功成却喜恩荣厚，身退从知姓字香。林下且消闲岁月，台端犹忆旧冰霜。春风诗酒从容处，重睹群英会洛阳。"

顾佐对僚属甚严，但对于谦例外，他在这个年轻人身上看到很多良臣的潜质，比如胸怀坦荡、公正廉明、不徇私情、敢作敢当等，他认为于谦的才能与品德都胜过自己，将来一定会大有作为，因而很看重他。宣德初，顾佐就奏请遣于谦为江西巡按，正是顾佐的这一举荐让于谦的政治才华得以展示，此后顾佐对于谦总是褒誉有加。顾佐的赏识和举荐是明宣宗对于谦委以重任的重要因素之一。

并非每一个皇帝都具有敏锐的目光，能洞穿那些诋毁诽谤者的谎言。到了正统一朝，顾佐终于被迫上章致仕，离开了充斥着是是非非的朝廷，不久病逝于郁闷和孤独之中。于谦失去了一个挚友。于谦一生不刻意于人际交往，加上耿直的个性，堪称知己者并不多，顾佐即为其中之一。

于谦等为明朝在各省专设巡抚后的第一任巡抚，朝廷对他们寄予了厚望。明宣宗赐敕于谦等曰："今命尔往总督税粮，务区划得宜，使人不劳困，输不后期。尤须抚恤人民，扶植良善。遇有诉讼，重则付布政司、按察司及巡按监察御史究治，轻则量情责罚或付郡县治之。若有包揽欺侵及盗卖者，审问明白，解送京师。……尔须公正廉洁，勤谨详明，夙夜无懈。"为此，明朝赋予巡抚以高于三司（都指挥使司、布政使司、按察使司）之上的权力，于谦于是成为山西、河南两地的最高行政长官。

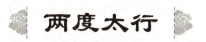

两度太行

带着明宣宗的知遇之恩和厚望，于谦踏上了陌生的晋豫大地。除了带着养子于康，他没有任何家眷相伴；也没有什么辎重，只有随身携带的几件换洗衣物和几本书而已，可谓"单车赴任"。

于谦同时为河南、山西两省巡抚，当时，河南省的治所在开封，山西省的治所在太原。为了兼顾两地的政务，于谦必须每年在两省之间来回跋涉，一般情况下冬春时节山西冰封雪冻，粮食青黄不接，他必须缓解山西百姓的饥渴之苦，庇护那里的饥民，于是就在太原；而夏秋两季河南境内黄河泛滥成灾，于谦要在河南治理水患，安抚因黄河肆虐而流离失所的百姓，于是，他就在开封。

这样一来，于谦就必须每年至少两度翻越太行山。

巍巍太行，如一条腾展于燕赵大地上的桀骜长龙，雄踞于河北、河南和山西三省之间，是黄土高原和华北平原的天然分界线。今天的文人骚客或是游人过客借助现代化的交通工具，偶尔一登太行，一定会陶醉于它的壮丽景色和磅礴气势。然而，古人翻越如此崔巍艰险之太行山却非易事。曹操《苦寒行》云："北上太行山，艰哉何巍巍！羊肠坂诘屈，车轮为之摧。"

于谦仅仅靠着一匹瘦马，每年至少两次在太行山的陡峭山壁、沟沟壑壑之间跋涉。冬春时节，太原天寒地冻；夏秋两季，开封酷热难耐。两翻太行山，一趟正遇"三晋冲寒到"，越走越冷；另一趟则是"中州冒暑回"，越走越热，何况每趟都需要一个多月的时间，其间所经历的风刀雪剑的侵袭、风餐露宿的艰辛、披星戴月的劳累，常人是难以想象也是不堪承受的。

何况还有猛兽和强盗的威胁。一天，于谦以轻骑自河南往山西，夜经太行山，有群盗各持兵戎呐喊而前。随从们相顾骇惧，于谦厉声喝问："你们是什么人？"好在于谦声望威重，名震晋豫。群盗知是于谦，竟惊慌而散。

如是，于谦坚持了整整十八个年头，这需要怎样的意志和毅力！

让后人感动和震惊的是，于谦从来没有把一年两度翻越太行山当作一种不得已要承受的苦难，即使在年岁老去，身体衰弱时，他也只有对亲人的思念和对身心疲惫的叹息，而从来没有流露出放弃的情绪。

太行山的崎岖山路、陡峭悬崖、猛兽盗匪并不足以使于谦身心疲惫，真正让于谦耗尽心力的是两省艰难的民情和处于深重灾难中的百姓。在同时任命的各省巡抚中，于谦的担子不为不重，因为山西、河南地域辽阔，而且是自然灾害多发地区，旱灾、水灾、蝗灾、霜灾等频仍相接，几乎没有一年不受灾的。

先来看看山西省。山西省全省位于黄土高原，是一个夹峙在黄河中游峡谷和太行山之间的高原地带，这里大部分地区海拔达一千米以上，山区面积占全省总面积的70%以上，以山西平面地图看，是一个长方形的斜四边形，由东北斜向西南，是一个由许多复杂山脉构成的高台地。山西是干旱高发省份，特别是晋西沿黄河的黄土高原丘陵地区、海河流域的朔州等地重旱灾的发生频率很高。此外，临汾和运城盆地、大同盆地、忻州盆地、太原盆地等地区也是旱灾频发地段。干旱缺水的气候，有利于蝗虫滋生，因而又会造成蝗灾。同时，山西的降水集中在夏季，因而又易引起洪涝。此外，还有霜灾、雪灾、雹灾等。

再来看看河南省。从山西到河南，就能够真正理解什么叫"旱水两重天"。河南最严重的是洪涝灾害。河南横跨黄河、淮河、海河等几大水系，境内1500多条河流纵横交织，尤其是黄河横亘河南，黄河的泛滥和决堤是河南最严重的水灾。

还有甚于天灾之人祸。于谦巡抚晋豫的前几年为明宣宗执政时期，还实行了蠲免税粮、安置流民、赈灾救荒等一系列减轻民困的措施。正统初年，太皇太后张氏健在，杨士奇、杨荣、杨溥在朝廷中还有很高的威望，仁、宣时的各项政策得以延承，社会局面相对清平。正统七年（1442年），太皇太后张氏病故，三杨或死或病，朝廷大权由太监王振一人独揽，明朝政治趋于黑暗。土地兼并作为一大社会痼疾，到正统年间已经愈演愈烈，致使越来越多的百姓丧失家园，背井离乡。王振擅权之下，大兴土木，连年用兵，增税不断，饥民、流民问题凸现，山西、河南自然不能幸免。

于谦踏上了晋豫大地，眼前所见并非如那些朝廷大臣每日奏报或台阁体诗人所吟咏的歌舞升平、天下大治的景象，他看到的是经济之萧条、农村之凋敝、生灵之涂炭。

轻税减负

明朝仁宣时期，皇室、勋戚和宦官倚恃特权大肆掠夺土地，建立庄园，官僚地主也疯狂兼并土地，而上述这些集中占有土地者又通过各种手段免除了赋税负担，政府的税田总额日益减少，而政府的赋税总额却不能因此大打折扣，这样一来，被皇室、勋戚、宦官、地主等占有的土地应缴纳的赋税就转嫁到了百姓身上，因此，百姓的赋税负担比明初大大加重了。明朝征收折色银的做法也加重了农民的负担，本来，赋税缴纳银子，可免除缴纳"本色"的运输之苦，而且可以使一部分农民从对土地的依附关系中解放出来，问题就在于政府在本色和折色的折算比率上设法加重了对农民的剥削。乡绅、豪强还用"飞洒""诡寄""包纳"等手段逃避政府分派的赋税。"飞洒"就是地主把自己应该缴纳的赋税分派到在籍的农民身上；"诡寄"就是地主将自己的土地假托于逃户、绝户的名下；"包纳"就是地主虽然买了农民的土地，但是这部分土地应该缴纳的赋税仍由出卖土地者承担，这些做法又加重了农民的负担。在土地兼并中失去土地的农民只好向地主租种土地，沦为佃农，地主对佃农的地租剥削也日益加重。此外，还有日益繁重的徭役。

在如此苛重的赋税之下，百姓的生活越来越困苦。山东、山西、河南、陕西、北直隶等地"佣丐衣食以度日，父母妻子啼饥号寒者十有八九"。山西平定、岢岚、朔、代等州，寿阳、静乐、灵丘等县百姓，"往往车载幼小男女，牵扶瞽疾老羸，采野菜、煮榆皮而食，百十为群"。于谦的奏章和作品中对山西、河南两省百姓沉重的赋税负担以及由此造成的困苦也多有描述，如《村舍耕夫》："倚门皓首老耕夫，辛苦年年叹未苏。椿木运来桑柘尽，民丁抽后子孙无。典余田宅因供役，卖余鸡豚为了逋。安得岁丰输赋早，免教俗吏横催租。"再如《路旁老叟》："路旁遗老亦堪悲，问者仓皇只泪垂。恒产卖余无业次，比邻逃尽少亲知。"

于谦首先要做的是让那些被赋税压得喘不过气来的百姓能够得到喘息，轻税养民是他竭尽全力在山西、河南推行的做法。

宣德五年（1430年）和宣德六年（1431年），于谦上任伊始，黄河丝毫不给这个新上任的巡抚面子，不顾念他的爱民之心，连续两年肆虐泛滥，河南开封府所属的祥符、中牟、阳武、通许、荥泽、尉氏、原武、陈留等八个县的民居、土地和庄稼几乎悉数淹没在洪水之中，百姓被迫踏上了流亡之路，于是流民骤增。在这种情形下，如果朝廷仍然坚持照收税粮，那么无疑是将他们逼上了绝路。于谦走遍这些受灾区域，统计受灾的民户和田地，上报朝廷，又请求朝廷减免税粮，朝廷最终同意将河南省受灾地区的一半秋粮折收布绢（明朝的赋税征收基本上沿用唐宋以来的两税法，田赋分夏税、秋粮两次缴纳）。

宣德七年（1432年）山西省太原府、平阳府、汾州及沁州等处遭遇霜灾，过早降临的寒霜使得秋田颗粒无收，于谦向朝廷陈述后，朝廷理解了于谦对百姓的忧念，停征了上述州府之粮草。

六月，于谦又上疏朝廷，开封府所属祥府、中牟、尉氏、扶沟、大康、通许、阳武、夏邑等县因为上一年黄河决堤，五千余顷农田被淹没，他请求朝廷免去上述八县该纳秋粮五万六千余石，马草七万六千余束，以苏民力。

宣德十年（1435年）三月，于谦以河南连年灾害，百姓困窘艰食，奏请朝廷将营建山陵起取河南民夫一万七千余人削减一半。朝廷遂免去河南一万七千人营建山陵之劳役。

同年六月，河南彰德等府逃民复业者达五万余户，而有司不顾民情，追收他们历年所欠税粮，致使民不聊生。于谦将此奏明朝廷，朝廷下诏悉免逃民复业者所欠税粮。

七月，朝廷在得悉山西灾情后，下诏免除山西一半夏税。

接着，于谦又上奏陈述山西、河南各处逃民虽已招抚回还，但多系家道艰难、粮差无力者，请求蠲免税粮一年，差役两年，以后税粮只分送附近官仓，纳差役比现在人口减半。朝廷对于谦所奏全部予以采纳。

十月，于谦奏准山西都司并行都司操备官马每匹日支豆四升，官军自备驴匹日支一升，费用浩繁，百姓不堪重负，请求减免费用，官马日支三升，驴匹不支，以苏民困。

正统元年（1436年），朝廷从于谦所奏，裁革各处既五军卫又不当冲要而设置的仓局及每年收粮不足五千石、收钞不及五万贯之课司局，以免烦扰百姓，且减职役俸禄。

正统二年（1437年）四月，河南开封、彰德等五府所属州县自上年闰六月以来天雨连绵，河水泛滥，淹没田地，于谦奏请免受灾田地粮草。朝廷收到于谦奏章后随即免除了河南受灾地区的田粮。

次月，于谦奏明河南诸处连年遭遇蝗虫水旱等灾害，请朝廷暂且停征税粮丝绢，获允。

十一月，于谦陈述河南所辖各府州县先是春旱伤麦，五月以来又河水泛滥，田禾尽损，颗粒无收，朝廷命于谦等前往各府州县，核实受灾田亩，查明确系缺粮民户，免去税粮。

正统三年（1438年）二月，于谦奉命督同巡按监察御史等官视察河南开封等七府所属州县遭水灾的情况，查明淹没田地总数为七万余顷，并奏准朝廷免粮七十六万三千余石，免草九十七万五千余束。

三月，于谦奏请免去河南开封等七府所属受灾州县之税粮。六月，经于谦奏请，朝廷蠲免河南受灾州县两年食盐。

正统四年（1439年），由于山西百姓饥饿困窘，于谦奏准将应纳夏税当半纳米、半折布。正统五年（1440年）三月，由于山西百姓所纳折粮金银本已难得，而大同府官员竟然不顾百姓困窘，以金银成色不纯为由，强迫百姓重新煎销，这一蛮横做法既增加了百姓的负担，又耽误了农时，于谦奏准以银一两折米两石、金六钱折银一两收库支用。同月，山西太原等府部分州县遭遇旱灾，田禾无收，黎民流徙，于谦奏请免山西正统四年夏税和秋税未征之数及正统四年以前拖欠之数，蠲免逃民所欠税粮马草。

十二月，朝廷在了解河南灾情后，下诏免去河南彰德、南阳、开封、卫辉、怀庆等受灾诸府的税粮。

正统六年（1441年），于谦在狱中度过了三个月，但在各方的努力下，于谦重新回到了晋豫大地，他没有丝毫惧怕和后悔，继续"为民请命"。他刚刚回到山西，就遇到了必须得罪皇室的事情：晋宪王朱美圭死了，朝廷为之营葬，调拨了四千军夫，派买物料繁多，绘饰房屋过侈。虽然是皇室之事，但是于谦仍然向朝廷陈明山西地瘠民贫，何况正统六年春夏旱蝗，秋月霜旱，田禾薄收，饥窘逃移者众，请求从简营葬晋宪王，军夫减半，物料、房屋当适可而止。诏令房屋仍当藩王旧制，其余悉照于谦所言办理。

正统七年（1442年）四月，在于谦的呼吁下，朝廷下令免除山西平阳府所属州县正统六年以旱灾未纳之税粮。同年七月，于谦又以河南水灾、旱灾、蝗灾频仍，请求免去河南该征之租税。又以山西夏麦薄收，奏请朝廷布麦兼收，此议遭到了户部大员的阻挠，但是英宗却诏令全部从于谦所言，并对朝廷大员说要像于谦那样以养民为本。

正统九年（1444年）五月，河南、山西遭受旱灾，于谦奏请免征两省的夏税。一个多月后，朝廷减征河南开封、卫辉、南阳、河南、怀庆、彰德等府受灾州县上一年三十万余石的税粮。

正统十年（1445年）六月，朝廷免去山西平阳、太原等府的夏

位于杭州西湖之畔的于谦墓

税。七月，于谦上奏朝廷山西平阳府并潞州、汾州、沁州所属地方自入夏以来久旱不雨，庄稼无法入种，收成难期，请将上述地方当年该征布花减免二分，秋粮本色折色亦合减免三分，以缓民力。

正统十一年（1446年）四月，由于山西连年旱灾，逃民日增，且多负欠税粮，于谦奏准暂停征收逃民所欠税粮。八月，朝廷从于谦奏，诏免河南开封、卫辉两府被水田地之粮草二分，其余八分准令折钞缴纳，一石粮折钞六十贯，一束草折钞三贯。

正统十二年（1447年），为了给上年死去的朱元璋十三子代王朱桂营造陵墓，有司广占田地，费用浩繁。大同总兵官朱冕奏请将原定陵墓占地减半并改饰以黑瓦，于谦支持朱冕，进而奏请朝廷，从今往后诸王及嫔妃死后陵墓皆须从简从省，朝廷同意了朱冕和于谦的请求。这年五月奏准免去山西、河南受灾地方之税粮，并停免历年拖欠之税粮、马匹各项买办等，以苏民力。

正统年间，农民往往被税粮所逼而背井离乡，地方政府竟然用里甲赔纳的手段，将逃亡者的税粮旧额，摊派到没有逃亡的农户头上，这就是祸害百姓的"逋赋"，被摊到"逋赋"的农民不堪重负，也踏上逃亡之路，这种恶性循环造成数额巨大的流民群体。于谦奏请免征流民的"逋赋"，减轻了许多农民的赋税。

明朝自洪武八年（1375年）开始发行"大明宝钞"，命民间通行。永乐末年，朝廷无节制地发行"大明宝钞"，致使物价腾涌，民间交易一般用金银铜钱。在这种情况下，政府竟推翻原来可以以"大明宝钞"纳税的做法，规定百姓纳税要以米和银钱当钞。宣德四年（1429年），"大明宝钞"的流通几乎停滞，政府为了盘活"大明宝钞"，一面下令民间交易必须用钞，用银一钱者罚钞千贯；一面在漷县、济南、徐州、淮安、扬州、上新河、浒墅、九江、金沙洲、临清、北新关等地设置钞关，征收船税和货税，让百姓用钞缴税，同时又将商税和门摊税征钞额提高到原先的五倍。而于谦就在"大明宝钞"贬值、政府又欲盘活它的情况下，奏准在山西、河南境内各州县官仓储粮数多的地方，允许百姓用钞五十贯折纳秋粮一石。于谦推行的轻税养民政策让农民广受恩泽。

于谦十分关心百姓疾苦，敢于为民请命，面对无数苦难的百姓，他无法保持沉默。

为民祈雨

古代生产力不发达，农业是国家根本，而农业又只能靠天吃饭。

河南、山西是旱灾多发地带，山西尤甚。于谦在巡抚任上，经常为民祈雨。

地里禾苗抽青，可是老天就是吝啬雨露，旷日持久的干旱带来的是土地龟裂、河流干涸、庄稼枯萎，灼热的太阳烤干了百姓对丰收的期待，也烤得于谦忧心如焚。黄河决堤，于谦可以筑坝、植树，甚至跳入黄河以血肉之躯去阻挡汹涌的水流；蝗虫肆虐，于谦可以率领下属和百姓一起下地捕捉；那么，老天不下雨，于谦只有求助神灵了，那就是祈雨，他希望以自己的赤诚之心感动上苍，拯救百姓于苦难。

无法统计于谦祈雨的次数，但从他的作品中可以知道祈雨是他常常要做的一件事情，于谦很虔诚，为了祈雨，他甚至十余日吃斋饭、戒酒，他的《祈雨蔬食》曰："苜蓿盘中意味长，经旬不近酒杯香。亦知厚禄惭司马，且守清斋学太常。客底情怀空抑郁，冥中感应岂微茫。黄齑百瓮皆前定，助我平生铁石肠。"

有一年河南大旱，首次祈雨后，仍然是天气亢阳、旱气郁蒸、蝗螟生发，于谦率众再次祈雨，并以他的滔滔文才，作《祈雨丹诚文》，恳求老天普降甘霖：

天以一气而为根，发育万物；人以五谷而为命，并列三才。匪蒙鼓舞之劲，曷遂生成之妙？钦惟玉皇大帝纲惟万类，统摄群生，运化

岁寒松柏心

机于无声无臭之间，寓大道于不动不言之表，端拱红云之阙，虽真仙莫睹其容；高居白玉之京，纵鬼神莫测其妙，遂欲称颂，莫既榆扬。以性情而言谓之乾，刚健不息；因主宰而言谓之帝，崇高无伦。凡有气而有形，咸资生而资始，春生秋杀，化权不爽于毫厘；日照月临，明德弗遗于微小。兹者河南天气亢阳，夏麦不能全收，秋天亦多枯槁，爰因旱气之郁蒸，遂致虫蝻之生发，虽已祈祷，未蒙感应。是皆臣等菲才薄识，窃禄旷官，惟巡抚不合于群情，故叩请难回于和气，措躬于地，获罪于天，不避干冒之诛，庸申恳切之悃，伏愿俯垂示听，下鉴微忱，赦民累劫之愆，宥臣等旷官之罪。请颁恩命，普救生灵，云垂四野而梵气泓罗，雷震八荒而初风静默。挽回和气，天降甘霖，涤虫蝻以消除，润田苗而遂茂。闾阎鼓舞，均风调雨顺之祥；海宇奠安，享天长地久之福。臣等无任瞻天祈恩俟命激切屏营之至。

在山西，他率官吏赴山西治所太原附近的晋祠、烈石祠、城隍庙等处祈雨。

晋祠，亦作王祠，在山西太原悬瓮山下，系纪念晋开国君主唐叔虞而建。现存晋祠始建年代不详，有圣母殿、唐叔祠、关帝庙、水母楼等建筑，及周柏、唐槐和"难老泉"（泉水不因涝旱而增减）等组成。晋祠也是历代祈雨之所。

烈石祠，亦作英济侯祠、窦大夫祠，在山西太原上兰镇，为纪念春秋时晋大夫窦犨而建，也是历代地方守臣及百姓的祈雨场所。宣德八年（1433年），山西大旱，镇守山西都督李谦等在烈石祠祈雨后，雷电交加，大雨倾盆，于是要立碑纪念，于谦写下了《烈石祠祷雨感应碑记》，以感激神灵对苍生的眷顾。

有一次，于谦在新城龙王庙请水祈雨，现场举行了很隆重的仪式，新城的父老乡亲都来了，于谦和百姓一起燃香叩拜，手持蘸了水的柳枝，向龙王求雨。令人惊异的是，祈雨仪式一结束，新城的上空阴云密布，顿时暴雨滂沱，新城大地普沾恩泽，枯萎的庄稼又恢复了生机，于是欢声遍野。于谦很兴奋，写下了一首《新城请水祈雨有应》：

缄香百里叩龙祠，乞得灵泉浸柳枝。

酹水献花罗父老，吹箫击鼓走童儿。

神风静默云生石，和气熏蒸雨应时。

顷刻寰区生意足，从知天地本无私。

当然，世界本没有什么神灵，天降甘霖也不是祈来的，而是自然现象。

有时候，甘霖屡祈不应，百姓处于绝望的境地，以于谦刚烈的脾

岁寒松柏心

第二章

性，自然会愤怒于神明的冷漠无情。

他有一篇《祭蛤蟆石文》，叙述了当时的这种愤怒：

曰汝以顽然之石，弃于道旁，固无以异于凡物也。故老相传，以谓昔人有欲取汝以为用者，重不能致，遂以为神，且因以形状之似而命以蛤蟆之名，固不雅矣。然物不自灵，因人而灵，自是遂能作云雨以利一方，出影响以受祭祀。物有神以凭之，能为祸福，理或然也。且舁举必待于妇人，感应必俟于血食，未免喜好淫衰，邀求祭祀，神之聪明正直者，固如是乎？况今天久不雨，汝享人血食，受人祈祷，或虽近而不及远，或冥然而无所感，徒有害于生命，徒狎近于妇人，是则为物之妖，而非谓神矣。今遣本州牧民官，再遣汝一祭，仍晓以此义，享祀以后，如甘雨施降，远近沾足，则汝得意安居故处，永享血食。如一昼夜不雨，将积薪以焚汝，使之形灭体碎，以绝妖妄。吾言不虚，汝宜听受。

于谦的刚直贯穿他的一生。即使是被人们奉以为神的东西，如果不能给百姓带来福祉，也要被于谦犀利地怒骂。于谦斥责这块被奉以为神的蛤蟆石，甚至斥其好色贪食，向它发出最后通牒。

虽说祈雨是古人的迷信活动，但于谦作为一方官员，关心百姓的命运，为百姓之乐而乐，为百姓之忧而忧。这种爱民情怀是应该肯定的。

赈济灾民

河南地处黄河中游，饱受河水泛滥之苦。

暴戾无常的黄河吞噬了众多百姓的生命，淹没了广袤的土地，卷走了无数的房舍和庄稼。每当河水暴虐，大堤决口，于谦最重要的工作除了赈灾就是治水。于谦到黄河水患的重灾区开封一带，巡视黄河沿岸；农闲之时，他率领军民修筑大堤；在堤岸上植树，以固堤坝；每五里设一岗亭，遣专人巡守，遇有塌损，即时修补。于谦常常心怀虔诚，祷告河神，希望以自己的诚意消弭灾患。

于谦想借助神的力量来制服这条总是挣脱大堤束缚的长龙，于是决定在黄河最易决堤的开封城郊铸一只铁犀牛，以使波涛永息，一方安澜。

镇河铁犀铸成后，于谦撰写了《镇河铁犀铭》，镌刻于犀背上。铭曰：

百炼玄金，镕为真液。变幻灵犀，雄威赫奕。振厥堤防，波涛永息。安若泰山，固若盘石。水怪潜形，冯夷敛迹。城府坚完，民无垫溺。雨顺风调，男耕女织。四时循序，百神效职。亿万闾阎，措之枕席。惟天之休，惟帝之力。亦尔有庸，传之无极。

后世的河南百姓为了纪念于谦的功绩，就在铁犀所在处盖了一座回龙庙，也称铁犀庙，铁犀被置于回龙庙内。回龙庙建成后，每年农历四月初八为回龙庙会，庙会香火持续三天，大戏不断，热闹非凡，在开封颇有影响。

浙江杭州西湖南岸三台山的于谦祠墓里，有一尊威武雄壮、周身乌黑、鼻端生角、独角朝天、双目炯炯的铁犀牛，这尊铁犀就是根据开封铁犀复制的。

洪灾、旱灾、霜灾带给河南、山西两省的伤害还未痊愈，蝗灾又来了。宣德九年（1434年）山西、河南、山东等地大面积爆发蝗灾，如黑云压顶，遮天蔽日，赤地千里。

面对蝗灾带给百姓无边的灾难，于谦很焦急，他亲自到灾区，抚慰百姓，还带领下属到地里和百姓一起捕捉蝗虫。同时，他将遭受蝗灾的地域面积、受害人数、受害程度等据实上报给了朝廷，朝廷免去了十分之四的秋粮征收额度。明宣宗朱瞻基还是一位比较清明的皇帝，人们把明仁宗与他统治下的时代誉为"仁宣之治"。

每当自然灾害严重的年份，总有大批百姓吃不饱饭，饿死人是常有的事。为了活下去，百姓只得流亡乞讨，这就造成大批流民，成为社会的不稳定因素。

为了保全百姓的生命，让灾民不致饥饿而死，于谦殚精竭虑，采取了很多办法。首先，他设法保证官仓储备的充足，这样才能在灾荒岁月有足够的粮食赈济百姓。如正统二年（1437年）河南所辖各府州县先是春旱伤麦，五月以来又是河水泛滥，庄稼颗粒无收，在征得朝廷的同意后，于谦将原定充军的粮米共计二十九万八千余石存留下来，以备赈济。同年，于谦还将河南布政司所收宣德十年（1435年）以前负欠粮米及正统二年（1437年）起运草束改折米麦，全部存留在受灾府县，预备赈贷。

其次，于谦创设了预备仓，施行平粜制度，就是先以官库钞物大量收买大户和中户的粮食，贮积在各地方预备仓内，遇到荒年，就减价粜给饥民。宣德五年（1430年），于谦甫到晋豫，就遇黄河决堤，河南灾民无数，次年二月于谦就奏请于河南卫辉、新德等地置预备仓，收贮秋粮，以备凶年赈济灾民。此后，这一做法陆续在两省其他地方推广。

再次，于谦命令各县设置两仓，即"尚义仓"（也称"义仓"）

和"平准仓"（也称"平仓"）。"尚义仓"就是收贮地方贤良捐输粮谷的仓储；"平准仓"就是收贮丰年低价买进，凶年再以昔日低价卖出的粮食仓库。此举旨在调动社会力量协助官府做好赈济灾民的工作。对于那些乐于赈灾济民的社会贤良，于谦予以嘉奖，并在仓前立碑勒名，镌刻上捐资输粮者的姓名以及捐献的数量；捐二百斤以上者还给予冠带，贱价平粜过千百石者就给以建坊立匾，免除捐资输粟的一家各色差徭冗役，以此奖励和回报。于谦多次带头捐纳自己的薪俸，赈济灾民。

安顿流民是另一项重要工作。在饥荒的年月，于谦命令县官于每里中选忠正耆老两人，协同里甲，照旧日册籍，查计人口，给予饥民粟谷银钱。同时又命县官时刻稽查，不许里甲作弊徇私。还通告各县如有别省饥民流亡到来，就允许他们在当地就食度日，不许将流民驱逐出境。他还将闲田及河水退后之滩田提供给没有土地的逃民耕种，而对于那些贫困无食者则由官府直接赈济。于谦此举使得数十万的流民赖以存活，并且能够安居乐业，从而缓和了社会矛盾。

加强边防

于谦巡抚晋豫期间，明朝北边形势紧急，长城边防成为国家安危的关键因素。然而，明朝发展至正统间，北部边防的防御力较之明初已经大为削弱。

这一现状让于谦忧心忡忡——倘若边衅骤起，入侵者将势如破竹，毫无所挡。于谦看到了国家的危机，他不能坐视不管，"巡抚"的职责本来就是"巡行天下，抚军济民"，何况大同、太原两镇都在于谦的巡抚区域。他深知改变这一现状必将损害一些人的既得利益，但是国家利益至上的原则使得于谦无所畏惧。

正统元年（1436年），于谦呈给朝廷一道很长的奏章，提出了富国强兵的十条策略，其中有四条涉及边务。一、北方蒙古族瓦剌部虎视眈眈，不断寻衅，战事在所难免，要随时做好战争的准备，因此必须有充足的边饷做保障，但是于谦反对增加百姓的负担，他建议将各处犯赃官吏所贪之粮食，运赴大同、宣府、甘肃、宁夏，接济边储。二、当时，山西、山东、河南、直隶卫所官军每岁轮流两班赴京操

岁寒松柏心

第二章

备，以致守城乏人，屯田荒芜，于谦建议分作三班：一班赴京、一班守城、一班屯田，这样就军得宽力，民省供费。三、要优待军士，当时的状况是部分军士原籍离卫所有数千里之遥，而边卫军官往往擅自克扣士兵的口粮和衣料，导致士兵在赴役中多有冻馁病死，于谦请求量拨口粮接济两千里外赴役之军士。四、于谦调查得知，当时各边官旗各仓侵欺物货，虚出通关，致使仓无现粮，军士缺食，于谦要求严惩那些侵欺盗卖者，将他们解京治罪，以使奸顽警惧，军粮丰羡。

正统三年（1438年）六月，于谦又上了一道奏章，向朝廷陈述北部边防问题的严重性和整顿的迫切性，同时提出了强兵方略。一、大同等处总兵、镇守官贪图省事，只要有人寇声息，不论边报远近，就将边民驱入城堡，委弃田禾牲畜。建议凡边报在数百里外，不见人马者，居民勿动；见人马而未入境者，居民戒严；人马入境者，方许居民入堡。若无边报，而总兵等官惊扰百姓，听巡按御史具奏治罪。如此可以真正保障边民的安宁。二、建议将偏头关、大同、宣府等处的山西、河南班军改作两班，每年一班，轮流派遣，九月初驻守边境，三月初各回本处，以使边军得到休整。三、大同府是军马总萃之地，宜多储粮，以备缓急。四、北方边境冬日马草匮乏，而军官又侵克草豆，致使战马疲弱，难以征战，建议将大同、宣府诸处马匹中之精健者留在军中骑操，而将那些老病弱小之马匹退回民间放牧。五、山西、河南诸卫所城垣楼橹濠池损坏淤塞较多，守边总兵、镇守等大多坐视不管，请令守城军队和民夫协力修理。

山西行都司十三卫俱在大同，区域广阔，相隔甚远，巡按御史不能遍历，于谦奏请朝廷遣监察御史一员到大同巡按，严防军卫违法坏军。于谦巡抚中看到雁门关的城墙多处坍塌，就奏请增补官军，修理关隘，以备不测。

国家边境的安宁是压在于谦心头一块沉重的石头，无论何时，他都无法卸下。正统三年（1438年）的除夕夜，于谦没有一丝过年的轻松感，在山西太原寒冷的官署里，他又在写着关于巩固边防的奏疏。他调查得知山西行都司所属官军俸粮折色钞贯，可是往往延期，而且主管官吏侵欺抵换，非唯官军不得实惠，而且有碍边境防守，于谦奏请量拨钞五十万贯给山西大同府，积贮支给。

当时，朝廷大臣中也有人看到了于谦治理军伍、镇守边境的才能，正统初，由于宣府、大同一带城池军马多不齐备，刑部尚书魏源就曾经建议朝廷将于谦改任副都御史，镇守宣府、大同，参赞机务，整搠军马。但是朝廷认为于谦巡抚河南、山西，尽心尽力，政绩卓著，无人可以替代，所以就驳回了魏源所奏。

尽管于谦付出了不懈的努力，但是，正统间的明朝边防之弊已经是积重难返，终于未能抵挡正统十四年（1449年）蒙古骑兵南下的铁蹄。

两袖清风

明朝宣德以来，政治上进入了一个稳定期。明仁宗、明宣宗父子相继执政，爱恤民力，慎于兴作，纠正了永乐年间好大喜功的作风，使负担沉重的百姓得到了喘息。但是，朝廷上也逐渐形成一种无所作为，因循保守的作风。

明宣宗在位十年，年仅三十八岁便撒手人寰。太子朱祁镇即位，当时只有七岁。

这时多亏朝中还有一大批老臣，很多大臣任职时间都很长。老臣执政，虽然稳健，但多了几分暮气与保守，失去了进取之心。

明英宗即位时年纪很轻，内阁大学士杨士奇等担心小皇帝过于劳累，规定皇帝每日早朝只许奏报八件事，前一日先把副封发到阁下，内阁把各事的处理方案送上。皇帝依照拟好的方案传旨而已。这与明太祖、明成祖四鼓以兴，接待群臣，秉烛至夜，勤政不息的情况相去甚远。当时杨士奇、杨荣、杨溥等号称"三杨"，都是四朝元老，太皇太后又有贤德，政务用不着皇帝过于操心。但正统七年（1442年）

镇河铁犀，为于谦巡抚河南时所铸

太皇太后病逝，此前杨荣已经去世，杨士奇因他的儿子杨稷犯罪被处死也不再出政，杨溥年老有病无法理政，新进入内阁的马愉、曹鼐等分量不够，而一个经验不足的小皇帝必须有所依靠，这使得一个人走上了政治前台，他就是宦官王振。

王振是蔚州（今河北蔚县）人，本为儒士，充任教官，任职九年无功，即他的学生进学率没达到要求，按规定应当贬黜。这时皇帝下诏：无功的教官有子嗣者可以净身入宫服役。于是王振就给自己实施了宫刑，进宫在内书堂教授宦官读书。宣德年间，他被安排陪伴太子讲读，很得太子的欢心，太子对他也很尊敬。这位太子就是后来的明英宗。明英宗少年做皇帝，王振被提拔掌管司礼监。司礼监是宫中最重要的宦官衙门，宦官二十四衙门以司礼监为首，它有机会影响皇帝的决策。明英宗倾心于王振，甚至对王振称先生而不直呼姓名，多次赐给敕书予以褒奖。王振权力日重，公侯勋戚都要看他的脸色行事，有人甚至无耻地称他为"翁父"。

于谦对官场的腐败情况极为不满。他刚直不阿，疾恶如仇，在诗中写道："于今多少闲虎狼，无益于民却食羊。"他要削除民间的不平，也要铲除朝中的狼虎。

于谦不为流俗风气所动，他到京办事从不带礼物，有人对他说："你进京既然不携带金银，宁无一二土物，比如蘑菇与线香之类充交际耶？"于谦举起两袖，说"吾唯有清风而已"。为此他写过一首诗：

> 手帕蘑菇与线香，本资民用反为殃。
>
> 清风两袖朝天去，免得闾阎话短长。

于谦在山西、河南十余年，颂声遍野。于谦担心盈满招祸，就在入朝时提出请求，希望由参政孙原贞来代替自己的职务。这一下招致了大祸。于谦从不讨好王振，王振见到于谦的上书，便示意要加以惩治。通政使李锡摸到了王振的心思，上书弹劾于谦，罪名是于谦因长时间得不到升迁而心怀不满，擅自荐举人代替自己，不懂得做大臣的规矩。结果，于谦被投入了监狱。于谦在狱中关了三个月。正赶上每年一度的热审。这时王振的气已经消了，而于谦实在没有罪过，就自己找台阶下说："我见一个御史名字和于谦差不多，很想整治他一下。看来并不是这位于谦。"于谦被释放，但还是被降了职，改任大理寺少卿。

山西、河南的百姓知道于谦获罪贬职，便纷纷来到京城给皇帝上书，前后有上千封。他们称颂于谦的政绩，请求将于谦留任山西、河南巡抚。山西的晋王、河南的周王，也说山西、河南不可以没有于谦，请求将他留下。朝廷不得已，下令于谦以大理少卿之职，仍旧巡抚山西、河南。

由于朝政因循，无所作为，不仅朝廷上下怨声四起，一些边远少数民族地区也不断发生反叛。正统年间，云南麓川（今瑞丽市）宣慰司的首领宣慰使名叫思任发。正统二年（1437年），思任发发动叛乱，四处侵扰，附近腾冲、南甸、孟养等地无不饱受其害。

这时，在朝廷内就如何处理麓川问题引发了一场争论。大学士杨士奇等无意振作，不同意征讨，英国公张辅等力主派大臣专征。皇帝支持了张辅等人的意见，王振又一心要建立功业，想在荒蛮之地示威，于是决定征讨。经过长期征战，麓川之乱得以平定。朝廷先后共发兵五十余万，转饷半天下，付出了巨大代价。

东南地区人民的反抗也风起云涌。

正统十年（1445年），浙江、福建、江西三省交界处仙霞岭一带的矿徒在浙江庆元县叶宗留带领下，揭竿而起。福建邓茂七自称"铲平王"，带领民众反抗官府，与叶宗留遥相呼应。同时在广东则有黄萧养为首的"山海盗"。

就在到处动荡不已，朝廷疲于应付之时，西北地区蒙古瓦剌部逐步强大起来，成了对明朝的严重威胁。

连失亲人

这时于谦仍在山西、河南巡抚任上。他忧劳政务，对家庭照顾得很少。最让于谦愧疚的，就是对不住自己的妻子。巡抚晋豫十八年间，妻子董氏每年只有在他返京议事时才能见到他，欢聚的时日实在少之又少，更多的时日，董氏独自抚育着一对儿女。

正统元年（1436年）于冕回杭州后，只有女儿于璚英相伴，独自品尝着丈夫长年离家的孤寂以及对丈夫的思念与牵挂，为在太行山下或是中原大地上颠簸辛劳的丈夫祈祷着平安，守望着丈夫的归来。

千里之外的于谦每每想起辛劳的妻子总是心存愧疚，他有一首

《寄内》诗表白了这种心境：

结发为夫妻，恩爱两相好。生男与育女，所期在偕老。我生叨国恩，显宦亦何早。班资忝亚卿，巡抚历边徼。自愧才力薄，无功答穹昊。勉力效驱驰，庶以赎天讨。汝居辇毂下，闺门自幽悄。大儿在故乡，地远音信杳。二女正娇痴，但索梨与枣。况复家清贫，生计日草草。汝惟内助勤，何曾事温饱。而我非不知，报主事非小。忠孝世所珍，贤良国之宝。尺书致殷勤，此意谅能表。岁寒松柏心，彼此永相保。

笔尖饱蘸着对妻子的炽热之情和刻骨之思，令人感动。然而于谦和董氏终究没有能够"彼此永相保"。正统十一年（1446年），董氏不幸中年早逝。让于谦内疚的是：董氏上年秋天罹患"气疾"，想来当是今日所称的哮喘，病况严重，每次发作都要十余天。她曾经致信丈夫告知自己日益严重的病情，然而于谦则忙于赈灾安民、治理水患、在黄河岸边铸铁犀……他无暇顾及病痛中的妻子，只是在遥远的晋豫为妻子祈祷，希望妻子尽快痊愈。而且，在于谦想来，妻子的病并不重。但是上苍终究没有因为于谦的一片爱民之心而护佑他的亲

岁寒松柏心

人，缠绵病榻近一年的董氏终于等不及丈夫的归来，怀着对丈夫无限的思念和牵挂病逝于京城的寓所，在她人生的最后时刻，陪伴她的只有女儿于璚英。

于谦没有能够回京为妻子送行，他让在杭州侍奉父母的于冕赴京将董氏灵柩运回杭州，安葬在于氏祖茔。

爱妻的早逝让于谦肝肠寸断。他写下了不少悼念爱妻的诗文。其中一首这样写道：

世缘情爱总成空，二十余年一梦中。疏广未能辞汉王，孟光先已弃梁鸿。灯昏罗幔通宵雨，花谢雕栏蓦地风。欲觅音容在何处？九原无路辨西东。

于谦的父母一直生活在杭州，而于谦自从步入仕途特别是巡抚晋豫后，就很少有机会回到故乡探望父母。父母年迈，于谦除了将儿子于冕留在他们身边就无以尽孝了。

正统十二年（1447年），于谦接到他父亲的丧报，回乡料理丧事。按礼制，父亲死，儿子应守制三年，但国家多事，正在用人之际，于谦奉调为兵部右侍郎，进京效命，不得尽丧礼。第二年，于谦母亲也去世了。这时明朝与瓦剌之间的冲突随时可能爆发。于谦再次被急调回京，担任兵部左侍郎，佐理部事，再次不得终丧。

国家的危难需要有力挽狂澜的英雄。多事的时局为于谦提供了一个一展雄才的舞台。

岁寒松柏心

第三章

内忧外患

正统十一年（1446年），铮铮铁骨的于谦，准备进京见皇帝，朋友们都劝他给王振带上一点儿礼物，他坚决不同意，两袖清风，来到京城，结果被王振暗地指使其党羽李锡给他加上对皇帝不满的罪名而关进监狱，并判处死刑。后来在山西、河南两省官民进京伏阙请愿的压力下，王振才免了于谦的死罪。王振依仗明英宗的宠信，大发淫威，虐焰之炽烈已达顶点。

辅政五臣

　　明英宗朱祁镇以童昏嗣位，王振为首的宦官势力急剧膨胀，朝政陷入混乱，严重的危机迫在眉睫。在这一时期，辅政五臣尤其是内阁三杨，都是关键性人物。"仁宣盛世"的出现，辅政五臣、尤其是内阁三杨颇享美誉，而正统朝国事浊乱，自然与他们不无关系。

　　辅政五臣，都是活跃于永乐、洪熙、宣德、正统四朝政坛，对明初政局起过重要影响的有卓著声望的政治活动家。

　　张辅，字文弼，河间王张玉长子。从燕王朱棣起兵"靖难"，力战功高，始封信安伯，旋晋新城侯，妹为成祖妃，贵为皇亲。永乐朝，以平安南功，进封英国公。虽则起起武夫，然在永乐、洪熙、宣德、正统四朝的政坛上却是德劭功高的第一人。

　　胡濙，字源洁，建文二年（1400年）进士，授兵科给事中。永乐初年，奉成祖密诏，微服巡行天下，访查建文帝及仙人张邈遍踪迹，在外十四年，还京超拜礼部左传郎，是成祖特殊信任的官员。明宣宗即位，升任礼部尚书，到正统初年已事五朝，是朱棣一系的明代帝王

少师杨文贞公

辅政大臣杨士奇画像

少师杨文敏公

辅政大臣杨荣画像

颇为倚重的人物。

杨士奇，本名寓，以字行。少年丧父，随母改适罗姓。返祖归宗，家境赤贫，立志向学，发愤读书。建文初年，以王叔英保荐，入翰林院，充编纂官。永乐初年改编修，入值内阁，充东宫官，任左中允，多次回护维持朱高炽的皇储地位。洪熙初，擢礼部侍郎兼华盖殿大学士，旋兼兵部尚书。洪熙、宣德及正统初年一直处于内阁首辅地位。正统三年（1438年）进少师，仍兼尚书掌内阁事。

杨荣，字勉仁，初名子荣，建文二年进士，授编修。"靖难之役"，燕王朱棣入南京，荣迎谒马首说："殿下先谒陵乎，先即位乎？""朱棣恍然大悟，遂急驱车驾拜谒孝陵，自此受知成祖。永乐初设立内阁，简拔入文渊阁，为更名荣。明仁宗即位，进职太常卿。寻进太子少傅、谨身殿大学士、工部尚书。明成祖五征漠北、明宣宗亲征乐安，荣皆历戎行，运筹帷幄，以善断见称。正统三年（1438年）进少师，兼职内阁、工部如故。

杨溥，字弘济，与杨荣同科进士，建文朝官编修。永乐初年，为太子洗马，竭诚殚虑辅导朱高炽。永乐十二年（1414年），因明成祖久欲易储，遂以迎驾稽迟开罪东宫属官，杨溥被关入天牢。系狱十年，读书不辍。明仁宗即位，释出狱，擢翰林学士。洪熙元年（1425年），于思善门建弘文阁，以溥掌阁事。明仁宗亲授阁印曰："朕用卿左右，非止学问。欲广知民事，为治道辅。有所建白，封识以进。"弘文阁的性质与内阁基本相同，可见杨溥与十二宗源渊之深，关系之亲近。明宣宗即位，罢弘文阁，召溥内阁，与杨士奇、荣共典机务。宣德九年（1434年）迁礼部尚书，值内阁如故。正统三年（1488年），进少保、武英殿大学士，与杨士奇、杨荣并称"三杨"。

辅政五臣执掌正统朝政，是具有极大优势的。其一，三杨皆三朝重臣，是明英宗乃祖乃父的旧僚，位列公孤，又是行政中枢内阁的主持人；其二，张辅爵加国公，"靖难"元勋，是朱棣一系皇权的有力支持者。胡濙，是明成祖的心腹侦缉，也职列尚书；其三，太皇太后张氏对辅政五臣倾心委任。她曾当着小皇帝朱祁镇的面交代说："此五人，先朝所简贻皇帝者，有行必与之计。非五人赞成，不可行也。"似乎是有五臣辅弼，正统年间的朝政该万无一失了。然而并非如此。

正统年间朝政接连失误，终于导致了灾难性的土木之变。

明英宗朱祁镇生于深宫，长于大内，幼年嗣位，本身并无实际政治军事才

明英宗朱祁镇画像

能。但朱祁镇无知而又好大喜功，这是致命的弱点。他根本不具备其高祖朱元璋、曾祖朱棣的雄才大略，却极力追求弄兵耀武，一再轻开边衅奢望建树军功；他不具备乃祖朱高炽、乃父朱瞻基的胸襟容量，一意委任三杨，反而限制内阁职权，将其部分权责转移到宦官机构司礼监。王振正是利用他这种童稚任性，喜谀好胜的弱点而进行诱惑和操纵，引导他逐步摒弃了仁宣时期与民休息、维持稳定的基本国策。

三杨辅政，想方设法用儒家思想引导小皇帝，可朱祁镇逆反心理很强，不喜欢循规蹈矩，清规戒律。这也可以理解，他毕竟是个孩子，又有至高无上的地位，很容易被宠坏。

而太监王振很会投其所好，经常带着他驰骋出游、弯弓射箭，很令

朱祁镇开心。朱祁镇与王振关系日益密切，对辅政五臣越来越疏远。

正统初年，在王振为首的宦官势力与三杨内阁的较量中，明英宗越来越倾向于宦官势力。明英宗即位不久，就把极善权术又能取悦皇帝的王振任命为司礼监太监。紧接着，宦官势力一天天抬头，监军、镇守、守备、监枪、监仓等重任接连委派。太监郭敬镇守大同，王彦镇守辽东，王景弘、袁诚、刘宁先后守备南京，张福、林寿先后镇守陕西，张溥镇守山西。一人得道，鸡犬升天，这些太监的侄子、养子、兄弟也都沾了光，被明英宗授以锦衣卫指挥、指挥佥事、副千户、百户等世职。

朝臣看在眼里，深为忧虑。三杨也经常劝谏皇帝，明英宗是左耳朵进，右耳朵出。三杨这个时候岁数也大了，地位尊崇，该得到的都得到了，不想冒险做诤臣。

三杨明哲保身，不敢有所作为，可能与他们分别授人以短有关系。杨荣，有决断才能但不能持廉，这原是老问题，他家中良马颇多，皆为边将馈送。王振正好借此发难，正统五年（1440年）七月，杨荣离开京城，回乡省墓，王振便抓住了杨荣接受靖江王朱佐敬馈赠一事，要求查办。杨荣道经武林驿，忧愤而死。杨士奇素以清正公允著称，但却教子无方，授人以口实。杨士奇长子杨稷确实是个作恶多端的地头蛇，也真难怪王振借此发难，压制杨士奇。关于杨士奇纵子作恶一事，李贤述之最详："杨士奇晚年，溺爱其子，莫知其恶，最为败德事。若藩臬郡邑或出巡者见其暴横，以实来告，杨士奇反疑之，必以子书曰：'某人说汝如此，果然，即改之。'子稷得书，反毁其人曰：'某人在此，如此行事，男以乡里故，挠其所行，以此诬之。'杨士奇自后不信言子之恶者。有阿附誉子之善者即以为实然而喜之。由是，子之恶不复闻矣。及被害者连奏其不善之状，朝廷犹不忍加之罪，付其状于杨士奇。乃曰：'左右之人非良，助之为不善也。'而有奏其人命已数十，恶不可言，朝廷不得已，付之法司。"杨稷横行乡里，擅杀人命，杨士奇不会一无所闻。杨稷案发那年，杨士奇还曾回乡省亲，住过一段时间。杨稷罪恶昭彰，被告发后，王振立即借机攻击杨士奇，朱祁镇"封其状示杨士奇"，以示信任，将杨稷逮捕系狱，杨士奇更加"钳口闭户"，少说为佳了。他根本不敢与王振摆开壁垒交锋。充其量也就是奉行其"有德必扶，有过必掩"的哲学，做一名好好先生而已。

辅政五臣之中，杨溥是学究型的官僚，生性淡泊，无争无为。他的有为也仅是襄助杨士奇、杨荣辅佐国事，当杨士奇、杨荣无作为建树时，他亦自保而已。至于张辅、胡淡二人，则是才疏学浅，空负辅政之托。

张辅的勋阶、地位，在正统年间可说是无与伦比的。然而毕竟一

于谦

于谦墓牌坊

介武夫，没有什么治国才能。不仅个人无大建树，与其他大臣也不十分协调，甚至在某些重大决策上站到了朱祁镇和王振一边。正统六年（1441年）春，华盖殿大学士兵部尚书杨士奇疏陈不应轻易出师，宜以招抚手段解决麓川问题。行在刑部右侍郎何文渊上疏，反对倾国力于一隅而招致天下骚动。奏疏说：蛮夷慕义之心终不可泯灭，宜宽其斧钺之诛，而令云南总兵官都督沐昂量调官军于金齿卫且耕且守，令云南都指挥使司、布政使司、提刑按察使司委派官员赴麓川宣扬圣化，促其稽首来王。可以说，何文渊的奏疏是极有见识的。朱祁镇将文渊奏疏交给英国公张辅、兵部尚书兼大理寺卿王骥讨论，张辅却说思任发"纠集丑类，屡抗王师，虽蒙贷罪她恩，彼却怙终稔恶，释此不诛"，"不惟示弱外邦，且贻患边境"。张辅的意见，无疑迎合了王振一伙宦官欲建功边陲的心理，更促进了朱祁镇最后做出兴师麓川的决定。张辅贵为国戚，爵拜太师，但他的才具能力都很平庸，为宦官势力所轻视，在朝政决断中所起的作用与其身份很不相称，王振的党羽宦官喜宁竟敢与其分庭抗礼。喜宁侵占张辅田宅，张辅不从，喜宁弟喜胜率净身家奴（阉割的家奴）毁张辅佃户居室，殴打张辅家人之妻致其堕胎而死，张辅无奈，诉诸法司。明英宗朱祁镇竟宥喜宁不问，而罚宁弟以赀赎罪，净身家奴戍广西南丹卫。喜宁不服，诉张辅亦擅收净身人为奴，明英宗朱祁镇亦宥张辅不问，将辅净身家奴发配南丹卫。张辅与喜宁打个平手，我们怎能希望张辅裁抑王振，在朝政决策中发挥顾命大臣的作用呢！

再说胡濴。胡濴，武进（今属江苏）人，与杨荣、杨溥同科进士。因历事四朝，颇受明成祖、明宣宗信赖，故正统初元荣膺顾命之任。他虽受信赖，却无政绩才情可言，与三杨并列，实滥等其间耳。庸庸碌碌无大臣体，却有江湖术士之风。任礼部尚书期间，先后三次丢失礼部大印，在明代九卿中是绝无仅有的。外藩进献麒麟、白鹦鹉，胡濴上表称贺，此"国家亿万年太平之征"，不察问题，不见危机，专门文饰太平。胡濴事君不依学术，而依江湖术数，他不像中国传统的儒士，倒颇类江湖骗子。正统六年（1441年）四月旱蝗并发，胡濴上疏说："今年四月以来，亢阳不雨，蝗蝻为患。揆之天意，验诸人事，皆由臣下才德竦庸弩，政事缺失，有乖阴阳之和，以致下累民生，上贻圣虑。臣不胜惶悚，乞令文武百官，自本月初七为始，斋沐思过，仍令大臣于在京各寺现行香及道录司慎选道流，尽诚祈祷，庶几少回天意"，这是何等荒诞不经之言！倒是朱祁镇的认识高出胡濙一筹，批示道："应天以实，不以文。今上天降灾，在修德以弭之，岂区区祷词所免也。不必行。"一场劳民伤财于事无补的祈祷闹剧才没出台！胡濙又曾推荐道士仰弥高畅晓阴阳，深悉道法，使令守御边关，为时人所讥笑。

江西南城县人龚谦，善妖术，通左道，喜欢勾引妇女，自称张神仙法孙。通过其所勾引的妇女曹氏，龚谦认识了胡濙，并成为知己。胡濙便荐举龚谦作了钦天监的天文生，改名龚益之。可这位龚益之偏偏不争气，多次冒充胡濙的名字，诈人贿赂。东窗事发，朱祁镇发龚益之铁岭卫（今辽宁铁岭市）充军，龚益之仍然往来胡濙府邸，京城士论大哗。

胡濙任礼部尚书期间，从容进谏的无非是些禁止军民穿衣戴帽习尚胡俗之类琐碎事情。他看到汉族军民有人崇尚少数民族服饰，竟奏报说"以中国之人效犬戎之俗，忘贵从贱，良为可耻"！请求厉禁。识见浅陋，确实昏聩。

景泰初年，朱祁钰欲废太子朱见深而立己子朱见济，这是景泰朝各种政治纷争的一个契机，胡濙率先上疏迎合景帝说："陛下膺天明命，中兴邦家，统绪之传，宜为圣子。"激化了景泰朝政治纷争。胡濙这等人物，根本不能"导君以正"，太皇太后张氏以其为辅政大臣，一开始就是错误的选择。

王振弄权

皇帝深居大内，很少接触外廷官员，而宦官离他最近，这就决定了皇帝必然倚重常侍左右的宦官。另一个原因，皇帝也经常以重用宦官来制衡内阁官员，以加强皇权。

宦官本身不算什么，但他们离皇帝最近，挟皇帝以自重，情况就大为不同了。这就是说，小人物如果占据了关键的位置，他的能量可就不小了。

宦官的腐败和阴狠险毒，常超过常人。首先，宦官是刑余之人，在肉体和精神上都受到了巨大摧残。不论宦官的地位有多高，在传统观念上总被人们视为奴仆。像明宪宗朝权倾一时的突吐承璀仍被明宪宗视为"轻如一毛"！试想，宦官心理能平衡吗？因此，他们必然要向世人证明自己的价值，并能做出士大夫们所不能也不敢做的事情，如立、囚、废、弑皇帝等，来证明他们也是人，是强者，也有人的尊严。

再者，宦官多数素质不高，至多是略通文墨，士人有科举入仕之途，而他们没有。要实现自身价值，他们只有另辟蹊径。因此，他们的价值取向往往为常人尤其是士大夫所不理解。宦官无路实现自身价值，剩下的唯一追求就是物质上的享受。于是就把贪污受贿、敲诈勒索，甚至公开抢劫视为理所当然之事。又因素质低下，使他们不但不以这种行为为耻，反以为荣；不但不隐瞒，反而到处去炫耀，以此作为自身价值的实现。因此，宦官的腐败、阴险狠毒等行为也就不难理解。

　　本是一个卑贱屈辱的宦官，却放射出这么大的破坏能量。可见，地位低微的小人物也是不可小视的，只要他占据了关键的位置，或抓住了重要的靠山。

　　明太祖朱元璋建国之初，为了汲取汉唐宦官干政的教训，规定内官不许识字，职供洒扫驱使而已。又明令宦官不许干预政事，干预者斩首。铸铁牌立于宫门之侧，以为儆戒。而他的儿子燕王朱棣靠武装力量夺得皇位，"靖难"期间多得建文朝阉官秘透军情，明成祖登位不久，便对宦官陆续公开赋予大权。而到了宣德年间，明宣宗便在大内设立"内书堂"，办起了宦官学校，专选十岁上下聪明伶俐的小内使数十乃至二三百人入学，以翰林学士执教，传授经文之类。明宣宗并不重用宦官，而是重用"三

于谦画像

杨"。但明宣宗对宦官的待遇很优厚,他甚至给自己宠爱的几个太监颁发免死敕书,文辞褒美和开国功臣的铁券差不多。宦官虽未到达擅权乱政的程度,但条件已经成熟了。

王振是蔚州(今河北蔚县)人,略通经书,后来做过教书先生,但是中举人、考进士这条荣身之路对他而言是太难了些。于是他自阉入宫。在宫中,他也负责教书,宫人称其王先生,明英宗朱祁镇呼振"王先生",可能就是宫人对王振称呼的袭用。永乐、洪熙和宣德朝,多数宦官仅能识字而不知文义,这样,王振便在侪辈中显示了出类拔萃的才能,在宦海中出人头地当为意料中事。

宣德中期,这位知识型宦官"侍太子讲读,太子雅敬惮之",就连明宣宗朱瞻基也对其另眼相看。据说明宣宗十分宠爱长随刘宁,一次宣宗上马出游,胡床被踏折断,刘宁匍匐在地以身代床,明宣宗踏其背上马。又一次明宣宗泛舟西苑,不慎船倾落水,生命危在旦夕,又是刘宁急潜水中,将皇上扶掖出水登岸。明宣宗为刘宁的忠诚所感动,命掌司礼监。然而,刘宁"不知书,上命王振代笔"。这样一来,王振就进入了宦官二十四衙门之首的司礼监。

司礼监是明代宫廷里二十四个宦官衙门中最重要的一个,它总管宫中宦官事务,提督东厂等特务机构,替皇帝掌管内外一切章奏和文件,代传皇帝谕旨等,由于此职事关机要,历来都由皇帝心腹宦官担任。后来,随着"票拟"制度的形成,皇帝最后的裁决意见,要由司礼监秉笔太监用红笔批写在奏章上,称为"批红"。奏章经过"批红"以后,再交内阁撰拟诏谕颁发。宦官掌握了"批红"大权,实际上就成了皇帝的代言人。这些宦官成天在皇帝旁边，善于察言观色以迎合皇帝，又常常利用皇帝深居简出、和外廷官接触少的弱点，欺上瞒下，假传谕旨或歪曲篡改谕旨，以售其奸。明英宗把这样一个重要官职交给王振，为他日后擅权开辟了道路。

但是张太后垂拱而治，三杨忠心秉政。由于他们都是前朝元老，威望很高，王振自知难与匹敌，还不敢放肆，只好采取两面派手法，等待时机，再行窃权。为此，他对张太后和三杨百般殷勤，毕恭毕敬，极尽谄媚之能事，以讨得他们的好感。

一次，明英宗朱祁镇与小宦官在宫廷内击球玩耍，被王振看见了。第二天，王振故意当着三杨等人的面，向明英宗跪奏说："先皇帝为了球子，差点误了天下，陛下今天复蹈其好，是想把国家社稷引到哪里去！"装出一副忠心耿耿、十分关心国家前途命运的样子。三杨听了，深受感动，慨叹地说："宦官当中也有这样的人啊！"

王振每次到内阁去传达皇帝的旨意，都装得十分恭敬和小心的样子，总是站在门外，不入阁内，深深感动了三杨，后来，王振再来传旨时，三杨打破惯例，特把王振请到屋内就座。三杨中杨荣谋略最高，他知道自己三人已老，便和杨溥、杨士奇商量，预先把一些正直有才干的人引入内阁，培植外臣势力，一旦自己三人退位，这些人有能力对付王振的势力。只是这一步想到的晚了一些。

王振表面上讨好三杨，事事顺从，装成不干预政事的样子，但内心仍然按捺不住攫取权利的欲火，一有机会，就想法抓权，干一些干预朝政的勾当。他常趁无人在明英宗旁边时，劝明英宗用重典制御臣下，反对开"经筵"、倡导文治，建议明英宗发展军事、以武治理国家，等等。因此，明英宗曾让他带领朝中文武大臣到朝阳门外阅兵，王振则利用这个机会，压制真正有才能的人，把他的私党隆庆右卫指挥金事纪广报为骑射第一，一下子提升为都督金事。

太皇太后张氏贤明有德，她见王振逐渐有抓权、逐渐朝政的迹象，心中十分不安。她害怕前朝宦官专政的历史重演而断送大明江山，决心进一步提醒明英宗严防宦官专政，并准备严惩王振，以打消王振妄图干预朝政的念头。

一天，张太后让宫中女官穿上戎装，佩好刀剑，守卫在便殿旁边，肃穆凛然。接着，太后把明英宗和英国公张辅、大学士杨士奇、杨荣、杨溥、尚书胡濙以及宦官邹东来等召到便殿。

明英宗和五大臣见状，不知道发生了什么事儿，明英宗急忙按规定站立东边，五大臣站立西边。太后看了看五大臣，又看了看明英宗，然后指着五大臣对明英宗说："这五位大臣是先朝元老，受先皇之命辅佐你治理国家，你有什么事情，必须与他们商量，如果他们不赞成，切不可去做。"接着张太后又把王振找来，喝令其跪在地上，声色俱厉地说："太祖以来就立下了规矩，宦官不得干预政事，违犯者定斩不饶。现在，你侍奉皇帝不守规矩，按照我大明法律，应当赐你一死。"

太后的话刚一说完，事先安排好的几个女官应声而上，把刀搁在王振的脖子上。王振顿时吓得面如土色，浑身直打哆嗦。明英宗见状也大吃一惊，急忙跪下替王振求情。五大臣也跪下请求太后免王振一死。张太后见状，怒气稍息，改变颜色说："皇帝年幼，岂知此等宦官自古祸人家国，我看在你们的面上，饶了王振，但是此后不许他干预国政，如有违犯，定斩不饶。"王振听后，连连点头称是，不断磕头谢恩。此后，张太后每隔几天就派人到内阁去查问王振办了什么事情，有没有未通过内阁而由王振自己决定的事情。王振受此教训，还真的老实了一段时间。

王振不惜低声下气，小心谨慎地侍奉宫中的皇亲国戚，好不容易当上了司礼太监，在一个时期内，他心花怒放，不知所以。哪知，三杨等元老重臣德高望重，张太后对他管制又特别严格，他想控制朝政的愿望难以实现，心中着实不快。但也毫无办法，只好在干预朝政的道路上停一下脚步，采取以屈求伸的办法，等待时机，以求一逞。王振知道，要达到自己的目的，紧紧抓住明英宗和培植党羽十分重要。为此，他改变策略，先不去干那些直接干预朝政的事，而去进一步讨好明英宗，并在暗地里广交朋友，大量培植私党，为以后专权培养基础。很快就取得了一些大臣的赞誉，也进一步得到了明英宗的宠信。

正统六年（1441年）十月，奉天、华盖、谨身三大殿重建竣工，明英宗在皇宫大摆筵宴，进行庆贺。按照明朝宫中制度规定，宦官无论如何也没有资格参加宫宴。可这时的王振已深得明英宗宠信，明英宗在宴会上见不到王振，就像少了点什么似的，急忙派人前去看望。王振见了来人，自比周公，大发牢骚说："周公辅助成王，为什么唯独我不可以到宴会上去坐一坐呢？"使者将王振的话报告了明英宗，明英宗不但不怪罪，反倒觉得王振受了委屈，下令打开东华门的中间大门，让王振进入宫中参加宴会。王振刚刚来到门外，宫中百官即向他罗拜，表示欢迎。这件事充分说明，王振虽然受到张太后和三杨的限制，但他的势力仍然逐步强大起来。

正统七年（1442年），太皇太后张氏病逝，朝廷中失去了对王振最有控制能力的人。而此时三杨中杨荣在正统五年（1440年）病死，杨士奇因为儿子杀人引咎辞职，只有杨溥在朝，但杨溥也老了，心计又没有杨荣多，而杨荣引入内阁的大学士马愉、曹鼐资历太浅，威望不够，王振擅权的一切条件都成熟了。明英宗是一个常常发昏的皇帝，他并不是贪求淫乐不理朝政，而是过于相信王振，凡是王振说的，他马上就相信，而且认为是最好听、最正确的。而在他晚年，他重用大学士李贤，朝政也是打理得井井有条。明英宗是一个有时昏、有时明的皇帝。

王振见阻拦自己掌权的所有障碍都已经被自然规律扫除了，当然轻而易举地就尽揽明王朝的政权。他早就看明太祖挂在宫门上那块禁止宦官干预政事的铁牌不顺眼，第一件事就是把这块牌子摘下来。随后又在京城内大兴土木，为自己修建府邸。他还修建智化寺，为自己求福。

王振曾经劝明英宗以重典治御臣下，他自己更是如此。谁若顺从和巴结他，就会立即得到提拔和晋升；谁若违背了他，立即受到处罚和贬黜。一些官僚见到王振权势日重，纷纷前来巴结贿赂，以求高升。

有位工部郎中，名叫王佑，最会阿谀逢迎。一天，王振问王佑说："王侍郎你为什么没有胡子？"王佑无耻地回答："老爷你没有胡子，儿子我怎么敢有。"一句话说得王振心里甜滋滋的，立即提拔他为工部侍郎。徐希和王文亦因善于谄媚，被王振提拔为兵部尚书和都御使。王振还把他的两个侄子王山和王林提拔为锦衣卫指挥同知和指挥佥事。又把死心塌地依附于自己的心腹马顺、郭敬、陈官、唐童等，安插在各个重要部门。福建有位参政宋彰将贪污的数以万计的官银送给王振，立即被提拔为布政使。这样，从中央到地方迅速形成了一个以王振为核心的朋党集团。

对于那些稍有不服、甚至要和自己分庭抗礼的朝臣，王振的霹雳手段便立即使用上，决不留情。正统八年（1443年）的一天，炸雷击坏奉天殿一角，明英宗因遭此天灾，特下求言诏，要求群臣极言得失。翰林侍讲刘球上疏提出"皇帝应亲自处理政务，不可使权力下移"等项建议。王振知道刘球是冲着自己来的，大怒，立即下令逮捕刘球入狱。

这时，正值编修官董璘因自己要求任太常卿一事而被王振关进狱中之时，王振便想通过董璘之事置刘球于死地。立即指使其党徒马顺毒刑拷打、逼迫董璘承认他自己所请太常卿之事是受刘球所指使。刘球被逼不过，只好屈服。王振便以此下令处死刘球，并把刘球的尸体肢解。朝野大臣听说此事，皆不敢上疏言事了。

还有驸马都尉石碌，一天在家里责骂佣人太监员宝。王振又有了兔死狐悲的感觉，把石碌投入锦衣卫大牢。明英宗对王振的所作所为全部赞同，他还总是称王振为先生不称他的名字，以示尊重。朝臣见皇帝犹如此，只有等而下之，连王侯公主都称王振为翁父，大臣们只能望风便拜，更有无耻者纷纷认王振作干爹。

不过也有宁死不屈服权势的。一次，御史李铎碰到王振没有跪拜，就被逮捕，关进监狱，后被贬官流放到辽东铁岭卫服役。还有，大理寺少卿薛瑄是王振的同乡，但他痛恨王振擅权专恣，不和他来往。一次，王振会议东阁，众公卿见王振来到，都俯首揖拜，唯独薛瑄一人不拜。这下可惹恼了王振，遂怀恨在心。后来，北京有位指挥病死，王振的侄子王山欲将其妾岳氏据为己有，但这个指挥的妻子不同意，王山就与岳氏密谋，诬告该妻毒死了自己的丈夫，并逮捕该妻交给都察院审讯。薛瑄在审理这一案件时，发现所告与事实不符，即主持公道，为该妻辩冤，又一次触犯了王振。王振听说这件事以后，大怒，立即指使他的党羽控告薛瑄受了被告贿赂，并将薛瑄问成死罪。临刑时，他的几个儿子争着代父受刑，王振的仆人和侍郎王伟也出来为薛瑄申辩。王振一看众怒难犯，只好免去薛瑄的死罪，但仍罢官削职，放回乡里。

王振不仅喜欢权，更喜欢钱，一些人为了升官发财，每次朝会都向王振送礼。更有一些无耻之徒，为了讨好王振，极力帮助王振收礼，并当众公布礼物数目。比如，王佑就曾在众人面前说，某人以某物送给王振，某人没有送礼等。结果送礼者得到提拔，没有送礼者受到处罚。于是，人们纷纷向王振送礼，多至千金，少亦百金。时间一久，向王振送礼成了宫中一项不成文的规定，如果有人不送礼，也要受到惩罚。比如，国子监祭酒李时勉，曾建议改建国子监以发展教育事业。但他比较正直，不向王振献媚，不贿赂不送礼，只是依制接待，引起王振不满。后来，王振便以李时勉砍掉国子监前古树的一些树枝为借口，罚李时勉身戴重枷在国子监门前示众，李时勉身顶烈日，坚持三天，他的学生一千多人伏阙上书，请求释放李时勉。

有个学生石大用上书皇帝，愿意自己代替老师受刑。王振看到奏章后，也感到很惭愧。正好国子监助教李继通过太后的父亲孙忠向太后求情，孙太后便告诉了明英宗，明英宗根本不知道这件事，王振见压力太大，便放了李时勉。

正统十一年（1446年），铮铮铁骨的于谦，准备进京见皇帝，朋友们都劝他给王振带上一点儿礼物，他坚决不同意，两袖清风，来到京城，结果被王振暗地指使其党羽李锡给他加上对皇帝不满的罪名而关进监狱，并判处死刑。后来在山西、河南两省官民进京伏阙请愿的压力下，王振才免了于谦的死罪。王振依仗明英宗的宠信，大施淫威，虐焰之炽烈已达顶点。

王振就是这样，利用手中权力，一面结党营私，大力提拔那些溜须拍马、谄媚逢迎之徒；一面大打出手，残酷地镇压那些反对自己专权和对自己不恭不敬之人。王振遍受贿赂，又大肆贪污，家中财富越来越多。后来王振败绩，籍没其家产时，仅金银就有六十余库，玉盘一百多个，珊瑚树高六七尺者二十余株，其他珍玩则不计其数，足见其贪污受贿的程度。

王振控制朝政以后，不仅对内党同伐异，大耍淫威，对外也投机取巧，破坏边防，终于招致了瓦剌贵族的进犯。

明代农事场景

北疆不宁

明朝推翻了元朝的统治，蒙古人退出了中原。但是，在长城以北，东起大兴安岭，西至甘肃、青海的广袤土地上，他们仍有着巨大的生存空间。

明朝初年，蒙古分裂，各部族间混战不断，其中以瓦剌和鞑靼两部实力最大。后来瓦剌击败鞑靼，称雄漠北。

瓦剌是明代对厄鲁特蒙古的称呼。元代称斡亦剌，清代称卫拉特、厄鲁特、漠西蒙古等。历史上蒙古民族是由两个基本部分组成的，古代两分为"草原百姓"和"林中百姓"（斡亦剌惕、不里牙惕），到后来为东部蒙古（中央蒙古）和西部蒙古（以卫拉特为主）。

瓦剌先世为"斡亦剌惕"。原居住于叶尼塞河上游八河地区，人数众多，有若干分支，各有自己的名称。成吉思汗立国时，忽都合别乞领有四千户。与成吉思汗黄金家族有世婚关系，一直享有"亲视诸王"的特殊地位。14世纪时，因元朝皇室衰微，遂乘机扩大实力，积极参与各派系纷争。在马哈木、太平、把秃孛罗分领瓦剌时，瓦剌实力相当强大，时称"四万卫拉特"。辖境除叶尼塞河上游外，还包括额尔齐斯河上游、科布多东南札布罕河流域等地。他们为了同控制着汗位的东部蒙古贵族分庭抗礼，并进而称雄于漠北，一面结好于明廷，遣使向明廷贡马，一面又积极同东部蒙古统治集团进行斗争。

瓦剌分为四大部：绰罗斯（准噶尔）、和硕特、杜尔伯特、土尔扈特。另有辉特等小部。

永乐十二年（1414年），明成祖统兵北征西部蒙古，与瓦剌战于忽兰忽失温（今蒙古国乌兰巴托东），马哈木败。东部蒙古阿鲁台又发兵往击。马哈木又败，积忧愤死。马哈木的儿子脱欢继袭，明廷仍封之为顺宁王。

永乐二十一年（1423年），东部蒙古阿鲁台与明廷关系恶化，被明军击败，脱欢乘隙于饮马河（今克鲁伦河）破其众，俘其大量马驼牛羊和部众。饮马河之捷，使脱欢政治、经济和军事实力得到大大加强，统一瓦剌各部。

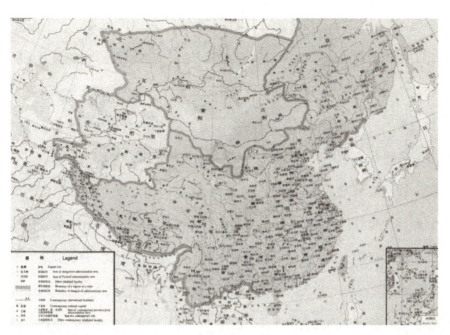

明朝初年版图

　　宣德九年（1434年），脱欢又出兵击阿鲁台于母纳山（今内蒙古乌拉山）、杀阿鲁台及其子失捏干，尽收其部众，东西蒙古一时俱为所有。脱欢本欲自立为汗，但因他不是成吉思汗"黄金家族"遗裔，受到部下的强烈反对。于是拥立元裔脱脱不花为汗，并让其管辖阿鲁台旧有部众，居住于呼伦贝尔草原一带；又将己女嫁与脱脱不花为妻，自为太师，居住漠北，直接掌握蒙古的政治、经济实权。

　　正统四年（1439年），脱欢病死，其子也先继位，瓦剌在其统治时期，势力达到全盛。

　　瓦剌控制东部蒙古各部，一面又利用军事征讨、封官设治、联姻结盟等手段，把乞儿吉思、哈密、沙州、罕东、赤斤、兀良哈三卫等，分别置于自己统治之下。又结好女真各部，使之为其效力。极盛时势力东抵朝鲜，西达楚河、塔拉斯河，北括南西伯利亚，南临长城。

由于明初以来对蒙古各部的优厚政策，有大批蒙古人来到内地居住。蒙古瓦剌等部一直以朝贡贸易的方式与内地进行交流，每年又有大批各部人涌入内地。他们以马匹"入贡"，朝廷对待这些"来使"给予优礼，赐宴，提供食宿、粮秣，还要给予大量赏赐、赠赍。

按制度规定，瓦剌贡使每年每次不超过五十人，但是他们贪图得到朝廷赏赐的官职和财物，每年贡使增加到二千余人。贡使入关，沿途州府都要接待，这可是一笔庞大的支出。明英宗在位时，感到有点吃不消，多次下令限制贡使人数，瓦剌都不愿奉行。而且，贡使往来沿途常常进行杀掠，他们又裹挟各部一同来，向朝廷邀索贵重难得的东西。稍不满足，就制造事端。明朝对瓦剌等部贡使的支出与日俱增，已经不堪重负，但如果强行限制，又可能使事态激化。

在内忧外患面前，必须拿出对策。举朝萎靡，期待振作。

军备废弛

北部边防向为明廷所重视，不然，明朝也不会把国都从南京迁到北京。

早在朱元璋时代，大将徐达就开始着手北边防务，逐步建立了东起辽东，经大宁、开平、东胜较为平直的防线。明成祖朱棣迁都北京，对残元采取进攻的防御战略，五次亲征漠北，三扫虏庭，花费了不少人力和物力，边防是巩固的。但是，朱棣于永乐元年（1403年）错误地将大宁都司（今内蒙古宁城）内迁，使大宁成为一座空城。

大宁，"居宣辽之肘腋，为燕蓟之屏翰"，控扼着蒙古高原与松辽平原的通道，地理位置十分重要。大宁都司的设立，使宣府和辽左连成一气，互相策应，成为燕蓟外线屏障。大宁都司内迁，一方面使其南面的燕蓟失掉了大宁这一外线屏障而变成边防前哨；另一方面，使大宁西面的开平卫过于突出、孤立，难以自存，不得不后撤。同时，大宁的后撤，还使蒙古族可以毫无障碍地向辽东扩展，使原居住于潢水（今沙拉木伦河）以北的朵颜等三卫逾河南下，在老哈河以南，长城以北地区自由进出，对京师构成一定的威胁。

由于大宁都司内迁，开平卫（今内蒙古正蓝旗东北）也不得不南撤。开平卫本是元朝上都，与大都（北京）并称两都，呈辅车之势。它"北控沙漠，南屏燕蓟，山川雄固，回环千里"，地理位置相当重要。朱棣曾说："惟守开平、兴和、大宁、辽东、甘肃、宁夏则边境可永无事矣。"但他于永乐元年（1403年）放弃大宁，永乐二十年（1422年）阿鲁台袭陷兴和城（今河北张北），又将兴和守御千户所移入宣府（今河北宣化）城中，遂使开平孤悬绝塞，左右无援，不得不于宣德五年（1430年）迁卫于独石堡（今河北赤城北）。开平内移丧失塞北土地三百里，燕蓟又失去一屏翰，宣府成了第一线。与此同时，明廷虽然划出山西行都司所属的宣府、万全、怀安、保安、怀来、延庆等卫，设立万全都指挥使司，力图加强边防。但是大宁奔而不守，兴和丢而不夺，开平内移，防线后撤，不仅使北部防线由较为平直变得迂远弯曲，延长了防线，加大了防守的困难，而且防御纵深缩小，"关门浅露"，敌可直接窥伺畿辅，京师的防卫比洪武时期削弱多了。与边防卫所后撤的同时，军事制度也逐渐废弛，到了正统年间显得更加明显。

第一，表现在卫所中的军卒逃亡，兵额减少。卫所中的军卒逃亡，洪武年间已经开始。洪武三年（1370年），建国仅仅三年，军卒逃亡竟达四万七千九百余人，到正统三年（1438年），即建国七十年，逃亡军士已达一百二十万有余，到正统十四年（1449年），即建国八十年后，逃亡军士一百六十三万。全国军队逃亡人数日增，边防部队也不例外。"洪武时，宣府屯守官军殆十万。正统、景泰间，已不及额。"卫所军卒逃亡的原因，一是待遇低下。他们月粮一石，难以养活妻小，加上军官克剥，生活无着，一有机会便竞相逃亡。二是水土不服。南方的百姓充军北方，北方的充军多发南方，水土不服，不逃即死。原籍遥远，勾解亦难，因此军伍常不足额。

第二，是军屯的破坏。卫所的重要基础是军屯。军屯的破坏使卫所军卒的粮饷供应不足，是军卒逃亡的一个重要原因。军屯的破坏，主要是由于官豪势要、巨室豪族以及镇守总兵官等对屯田的侵占。兵部尚书王骥曾经指出："贵州二十卫所，屯田、池塘共九十五万七千六百余亩，所收子粒足给官军，而屯田之法久废，徒存虚名，良田为官豪所占，子粒所收，百不及一。贫穷军士无寸地可耕，妻子冻馁，人不聊生。"侵占屯田之弊，早在永乐年间已经发生，正统年间，日趋严重。如，正统元年（1436年），镇守太监王贵在陕西"占种官田一百余顷"；总兵镇守官在甘肃凉州等处，"占种田地，侵夺水利，不纳税粮"。正统十年（1445年），辽东都司卫所官将膏腴土地"耕种收利入己"；甘肃官豪势要、各管头目，"将膏腴屯田，侵夺私耕"。军官不仅侵夺屯田，还私役军士为其耕种。镇守陕西的太监王贵就私役军余九百多名，为其种田；宁夏总兵官史昭和左参将丁信"私役官军，动以千百计。广置庄田，各有二十余所"。军屯的劳力被私役，军屯的田地被吞占，军屯制度自然受到严重破坏。由于明朝的管粮官不问屯田有无，军士是否被占役，只管追征屯军的余粮，克扣月粮。军士不堪剥削虐待，只有纷纷逃亡。

第三，太监监军误事。正统年间，不仅朝廷内有太监王振擅权，各地还有镇守太监，如辽东镇守太监亦失哈，陕西镇守太监王贵等。军队出征有监军、监枪太监，如正统四年（1439年）遣太监吴诚、曹吉祥监督诸军讨麓川；正统九年（1444年），太监僧保、曹吉祥、刘永诚同成国公朱勇等各率精兵万人征兀良哈；正统十三年（1448年），总兵陈懋讨邓茂七，曹吉祥、王瑾监督神机火器等。这些刑余之人，虽然不懂军事，但权力很大，"号令皆制于监军"。在这些人控制下，将领即使有才干，也难以展布，军队作战往往因此而失利。

第四，军官腐败无能。卫所军卒逃亡，屯田破坏，无一不和军官腐败有关。都司卫所的军官唯知肥己，对士兵或占纳月钱，或私役买卖，或克扣月粮，或减其布絮，名目繁多，不一而足，致使士卒衣食无着，只有逃亡。而对逃亡的士兵，军官一则可以索取贿赂，一则可以吞噬月粮，不加过问。另一方面，明廷对军官没有严格的训练，制度虚设。"外而卫所虽蒙设学，未见考试其成功；内而京师虽已训教，来蒙设立武学。盖学制之设未备，则教法之条不立，武举之科未启，则得人之效未著。"加以承平日久，将领不想学也不愿学军事，多数人无驭军之才，无用兵之道，只不过充数而已，是以遇敌作战往往败北。

第五，士卒战斗力减弱。卫所军队不仅因士卒逃亡，兵额不足，而且因世袭，士兵终生服役，多老弱之辈。就是对这老弱青壮参差不齐的士卒，也没有严格的训练。洪武时期，虽规定了一系列训练制度，但已有日趋削弱之势。到正统年间，士兵或被军官占役，"或转贩货财以为商，或习学技艺以为工"，训练制度更加废弛，致使"手不习攻伐击刺之法，足不习坐作进退之宜，目不识旗帜之色，耳不闻金鼓之节"，形同乌合之众。这样的士兵如何能抵御蒙古精骑的冲击呢！

宣德以来，没有大的战争，社会基本是安定的。在这种形势下，卫所军制的固有弊端——世袭和军卒待遇低下的问题暴露出来了，军官也日趋腐化，加上政治腐败，这些因素共同起作用，使得兵额减少，屯田破坏，卫所制度在衰落，军队失去了它应有的战斗力，以致在也先大举进犯时而一败再败。

第四章

土木之变

邝埜看到大事无可挽回，在退朝之时，紧握着于谦的手说：「御驾亲征，凶多吉少，国家大事就要败坏在王振手里了。皇帝既要亲征，我是兵部尚书，职责所在，不能不去。老弟高才，将来一定是国家的栋梁。我走之后，请老弟承担重任，担负起保卫京师的职责。有老弟在，我就完全放心，但愿将来有相见之日！」话未说完，已经潸然泪下。

瓦剌南侵

　　瓦剌逐渐强大，渐渐内逼，预示着可能内犯。特别是正统十二年（1447年），它降服了朵颜等卫后，这种形势更加明显。这年春天，兵部尚书邝埜就指出，也先自降服兀良哈三卫之后，"北漠东西万里无敢与之抗者"，现在又"远离巢穴，来边窥探，烟火不绝"。巡抚宣大都御史罗亨信也指出：也先"专候衅端，以图入寇，宜预于直北要害增置城、卫为备"。明廷官员根据也先的行动，对其欲内犯的判断是正确的。这点从后来鞑靼方面来的阿儿脱台的叙述中，可以得到证实。这年十一月，也先帐下的阿儿脱台因与平章克来苦出有矛盾，怕被迫害，逃归明廷。他对朝廷讲："也先谋南侵，强其主脱脱不花王。王止之曰，'吾侪服用多资大明，役何负于汝，而忍为此'。也先不听，言，'王不为，我将自为，纵不得其大城地，使其田不得耕，民不得息，多所剽掠，亦足以逞'。"但正统十二年（1447年）瓦剌并没有内犯。这年九月，遣使皮儿马黑麻率二千一百四十九人的庞大代表团，向明廷贡马四千一百七十二匹，貂鼠、青鼠皮一万二千三百张。明廷又是宴请代表团,又是给以丰厚的赏赐,走时还派指挥马政携带赏赐给脱脱不花和也先的大量物资,前往瓦剌,双方似乎较融洽。但在这种表面和平友好的背后,也先时时在寻找衅端。

正统十四年(1449年),也先等待的衅端出现了。从正统初年开始,瓦剌朝贡的使者回去时,明廷总是派遣使者相送,到瓦剌再派使者朝贡时同来。明廷的使者在瓦剌,也先等头目向他们索取(当然是通过他们向朝廷索取)财物年年增加。使者为讨好也先,往往有求必应,实际上朝廷也难以满足。因此,也先等所得到的不过是所求的十之四五,本不满意。另外,原先瓦剌一次朝贡人数不到一百人,正统十三年(1448年)秋,也先等派二千五百二十四名,但谎报为三千五百九十八名,以求获得更多的赏赐。但这次明廷较为认真,会同馆实际查点了人数,礼部按实际人数给赏,虚报数一律不给,且"所请又仅得五之一"。正统十四年(1449年)春,贡使和明廷的使者回到了瓦剌。这使寻找衅端的也先大为恼火,拘留了明廷的使者,"胁诱群胡,大举入寇"。

瓦剌觊觎中原,大明也是心知肚明,只不过一直在忍。这一天终究要来,躲也躲不过,明廷便早早做好防卫措施,增加兵力、马匹、武器,加强训练,以待强敌。

但明廷这些措施还没落实时,瓦剌于七月八日就开始了进攻。

其部署如下：也先亲率所部向大同进攻；知院（相当枢密使，掌管军事）阿剌率所部进攻宣府，围赤城（今河北赤城）；可汗脱脱不花率所部及兀良哈部进攻辽东；另以骑兵一部进攻甘肃。

瓦剌虽四路大军，但主要进攻大同方向的是也先一路，其他各路并不积极。这主要是因为脱脱不花和阿剌并不想进攻朝廷。他们对朝廷是比较"恭顺"的，这和也先不一样。对也先来说，此次进攻不是要夺取中原政权，他当时还没有那样的力量，也没有那样的雄心，他只不过是进行一场报复性的袭扰和掠夺战争。

面对也先在关外叫骂，七月十一日，大同右参将吴浩率兵出关与也先激战猫儿庄，出塞明军全部战死。消息传来，明英宗命大同总督宋瑛、驸马都尉井源、大同总兵朱冕、左参将石亨各领万人在长城边沿的阳和口（山西阳高境内长城隘口）抵御瓦剌骑兵，阳和口是瓦剌人进入关内的必经之路，皇帝与王振试图以此四万人的兵力暂时挡住瓦剌人的进入。

七月十五日，也先率兵进攻，明军诸将与之战于阳和后口。当时王振党羽太监郭敬监军，诸将均受其节制，军队漫无纪律，结果全军覆没。宋瑛、朱冕战死；郭敬伏于草丛中，得免一死；石亨逃回大同。大同以北城堡相继失陷。

由阿剌率领的北路军自独石口（今河北赤城北）南下，围攻独石、马营（今河北赤城西北），独石、马营守备杨俊弃堡逃走。阿剌军进攻云州（在今河北赤城北），永宁守备孙纲和宦官谷春率兵支援，战不利，退入城中缢死，同时死者有九十人。由于阿剌知院意欲讲和，只"伤了几处小边城"，没有更深入。

东路脱脱不花于七月中旬包围了镇静堡（今辽宁黑山西北），守将赵忠坚决抵抗，经两昼夜激战，瓦剌军撤围而去。接着，于七月二十日，以三万余兵力直接进攻广宁城（今辽宁北镇县治）。当时辽东提督军务左都御史王翱正聚兵于教场，敌军突然到来，士兵溃散。王翱进入城内，收集散卒，闭门自守。广宁虽然保住了，但瓦剌军"攻破驿堡屯庄八十处，房（掳）去官员军旗男妇一万三千二百八十余口，马六千余匹，牛羊二万余只，盔甲二千余副"。辽东军民遭到重大损失。

在肃州（今甘肃酒泉），镇守任礼派裨将抵御瓦剌军，接连失败，"失士马万计"。

从肃州到辽东，瓦剌的进犯处处得手，明军则处处败北，城池一丢再丢，敌军步步深入。究其原因：一是太监监军误事。太监郭敬，平时秉承王振旨意，资敌箭镞，战时又控制将领，使他们不能施展指挥才干，使阳和口之战全军覆没。二是将领无能。有的缺乏指挥才干，有的贪生怕死，遇敌弃城而逃。三是军队素质差，漫无纪律，遇敌不受约束，四处溃散。四是战争准备不足。明廷的调兵遣将，给马给兵器均在六月的下半月，除宋瑛到达大同外，所调之兵均未到达战区；有的对瓦剌军的进犯毫无准备，如广宁。这一切说明，由于承平日久，明边防卫守军已不能抗击敌人大规模的内犯。

土木之变

实际上也先的军队主要是在关外形成威逼之势，其目的还是逼迫明廷同意朝贡而已，只要明军严守边塞，也先的军队是进不来的，何况京城还有十几万的京营。只要严令各要塞城堡严守不许出击，事情就解决了，但王振显然不希望这样，他想做的就是带着皇帝出塞巡视，重新恢复以武治国的传统。

这十几年来，王振一直在皇帝面前进言，让皇帝找个恰当的时机亲征，其主要目的还是对文官而来。也先犯边给王振提供了一个机会，他想让皇帝带着大军出塞巡视，吓退也先，这一行动会增加皇帝跟军队接触的机会，会重塑君主的权威，会进一步增强武将和贵族在帝国的地位，其政治意义明显大于军事意义。

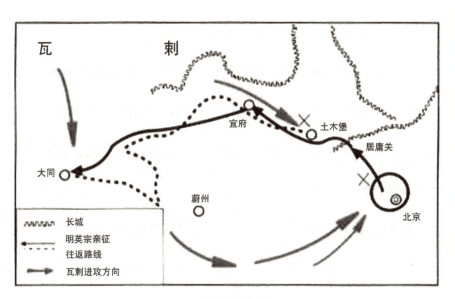

土木之变示意图

但皇帝亲自带兵出征跟儒家礼法不符，因为皇帝亲自带兵就会将文官撇开，对于文官来说帝国的一切事情都要经过其手，因为他们才是帝国的中枢。无论是皇帝统兵还是重用宦官此类跟文官无关的事情，他们都是激烈反对，甚至皇室内部的家务事他们也要加以干涉。

明英宗在朝堂上抛出了他要带兵亲征的想法，理所当然地遭到了群臣的反对，明成祖、明宣宗经常带兵出塞是他们所不赞同的，他们认为皇帝就应该待在宫里，按照儒家礼法行事，不要到处跑，既不能亲近百姓，更不能亲近武将。明成祖和明宣宗是他们所控制不了的，但到了明英宗这一代无论如何再也不能走老路。对于王振的跋扈，文官们忍了，但在这个大是大非问题上再也不能后退了。

吏部尚书王直领衔群臣上奏曰："自古边境有事皆是靠忠兵猛将

守卫，陛下应当选派良将，增派劲兵，赏赐将士，并严令将士以防守为主，待到敌军人困马乏之际出兵，可获全胜。如今正是七月天，天气炎热，水草还不丰盛，水源也不足，一旦天子在外，四方有紧急情况而不得知，况且天子乃宗庙、社稷之主，万邦之主不可孤身犯险，只需坐镇指挥即可。"

按说文官们说得在情在理，尤其是"天气炎热，水草不丰，水源不足"这几条说到了点子上，但明英宗和王振显然不会理会这些。明英宗说道："朕明白众卿之言皆是忠君爱国的意思，但虏寇逆天悖恩，犯边杀掠军民，朕不得以才要亲率大军剿之。"

明英宗毫无实战经验，空有一腔豪情，打仗哪是说着玩的？

兵部尚书邝埜、兵部侍郎于谦也看穿了王振的阴谋。他们认为王振老家在蔚州，离大同非常近，怂恿御驾亲征实际是为了保护他自己的私产。邝埜看到大事无可挽回，在退朝之时，紧握着于谦的手说："御驾亲征，凶多吉少，国家大事就要败坏在王振手里了。皇帝既要亲征，我是兵部尚书，职责所在，不能不去。老弟高才，将来一定是国家的栋梁。我走之后，请老弟承担重任，担负起保卫京师的职责。有老弟在，我就完全放心了，但愿将来有相见之日！"

话未说完，已经潸然泪下。

正史记载，此次亲征共调动大军五十万人。事实上，王振调动了神机营、五军营、三千营共十七万军队，加上河北守军三万人一共是二十万人。这二十万人每人赐银一两，胖袄裤一件，鞋两双，一个月的炒米，三人配一头驴，二十万人共分了八十万件兵器。这些皆是仓促配备，一个月的干粮更像是出去巡游而不是打仗，兵士对于新配发的兵器更是无法熟练使用。

出征的队伍是豪华的，从英国公张辅开始共十二位有爵位的贵族，加上其他军事和文职官员共计三十二名有名有姓的高级官员，帝国精英全体出动，当然其中更是少不了王振。大军出征之前将回来庆功的赏赐都准备好了，这不像出征，更像是一次例行的出塞巡视，在所有人眼里它的确是巡视。因为明成祖最后三次的巡视，蒙古人都是避其锋芒，明宣宗的出塞巡视蒙古人也是避其锋芒，这次明英宗的出塞巡视，蒙古人实际上还是避其锋芒，但一些偶然因素的发生使得这

土木堡遗址

次的巡视行动发生了质的改变。

七月十六日这支队伍就出发了，从十一日开始只准备了五天时间，这支队伍更像是一支仪仗队，而不是战斗的队伍，所有人都洋溢着幸福的表情。文臣们难得出来散散心，勋贵们也难得陪着皇帝一起进行这么大规模的活动，京师三大营这些养尊处优的骄子们更是难得寻找这样的机会。

也先敢于向天朝兴戎起衅，当然有他的必胜信念。早在明英宗气势汹汹地扬言御驾亲征时，就定下了佯装败退、诱敌深入之策。所以当明朝的大军浩浩荡荡进发，也先却故意班师后撤。明军的探子向王振详细报告了也先"丢盔弃甲"的情况，使他精神更加大振，于是又继续向北推进，他要让明英宗和他的大臣们看看自己是如何谈笑破敌的。八月初一，明军开进大同。这时兵部尚书邝埜与户部尚书王佐再一次阻挠，请回銮驾；成国公朱勇"膝行而前"；甚至王振的亲信钦天监正彭德清也以"象纬示警"为词谏阻。然而情绪亢奋的王振岂能容许别人横加指责？于是，邝、王尚书被迫罚跪于草丛中一日。对钦天监正的质问"陷御驾于草莽之中，谁执其咎"，王振也轻描淡写地说："倘如此，亦天命也。"

令人遗憾的是，王振的雄心壮志毕竟太短暂了，第二天，前线败讯就毫不留情地传来，他的亲信监军太监郭敬以沮丧的心情将失败的消息如实禀告，气壮如牛的王振才顿觉事情并不如他想象的那样美妙。既然命运不给他建功立业的机会，那他也只能下令班师，经过紫荆关，旬日可抵北京。

然而王振并不愿意就这样丢人现眼地起驾回銮，这时他打算邀请明英宗绕道到他的蔚州老家，那里离大同非常近。这一次又遭到随军文武官员的拒绝，认为这样会耽误撤退的时机，但是王振哪里听得进去，加上明英宗也希望给王振衣锦还乡的机会，于是大军开始朝蔚州方向移动。

这时王振又心血来潮，怕大军经过会踩坏家乡的庄稼，自己会背上骂名，于是建议按原路撤军，就这样，宝贵的时间被耽误了。当大军行到怀来附近时，由于辎重还没有赶到，于是王振下令原地驻扎等待。

如此反复无常，既耽误了时间，又给也先以极好的机会。这时瓦剌大军接踵而至，形势危在旦夕，大同参将郭登闻讯，急忙转告曹鼐、张益，应迅速从紫荆关回驾，否则就来不及了，但随即遭到王振的拒绝。

八月初十，皇帝的军队退回宣府附近，也先已奔袭而来。恭顺侯吴克忠、都督吴克勤兄弟断后迎敌，不幸兵败战殁。十三日，成国公朱勇、永顺伯薛绶率四万人救援，因杀敌心切，竟在鹞儿岭身遭伏击，几乎全军覆灭。十四日，明朝大军退至怀来县西侧的土木堡，许多大臣主张应退回怀来县城固守，而王振则以辎重车辆未到，坚持驻扎土木堡。兵部尚书邝埜第三次苦谏，要求率军队保护皇帝疾驰入关，但这一要求又遭到否决。就这样，疲惫不堪的明英宗和他的将士在一无水源，二无险要可守的土木堡驻扎下来。

瓦剌大军很快逼近合围。望着气势汹汹的蒙古人，皇帝和他的将士惶惶不安。但更为焦虑的是，土木堡并无水源可饮，即使掘地两丈，仍不见泉水涌出，而南边十余里的河流又为蒙古人所占据。第二天是中秋节，也先派使臣持书信来到土木堡，声称愿意与明军求和，并暗示他的军队已经撤离。急于摆脱困境的司礼太监和他的皇上竟不辨真假，忙派使臣去瓦剌军中谈判，甚至不等消息传回，就下令移营取水。饥渴难耐的将士争先恐后地到南河汲水，一时行伍大乱，这正好中了也先的毒计。此时，预先埋伏好的瓦剌士兵突然从四面冲杀而来，瓦剌铁骑纵横驰骋，犹入无人之境。

也先的士兵一齐高声喊道："解了甲，扔下枪的不杀！"明军士兵早已失去斗志，听了这话，好多人居然解甲下马。也先的士兵又是一声大喊，如雨般的箭矢立刻射向毫无防卫的明军，大部分明军都被当场射死，有的尸体插满了箭，简直像个卷曲的刺猬。

在震天动地的喊杀声中，跟随明英宗出征的大小官员数百人一个个死于乱军之中。罪魁祸首王振正想夺路逃走，护卫将军樊忠气愤不过，冲近王振，大喝一声："我为天下人诛此奸贼！"手起锤落，只一下就击碎了王振的脑袋。接着挥舞双锤，与也先骑兵展开殊死搏斗，杀了数十名敌兵，最后力竭而死。

明军土木堡的惨败，充分暴露了明朝最高统治者政治上的腐败和军事上的无能。将军政大事听任一个宦官摆布，把关乎国家命运的战争当作儿戏，实在是历史上少见的现象。战争开始后，也先虽然集中瓦剌各部，四路出师，突入塞内，但只不过进行报复性的掠夺。明廷边防据有重要的城镇塞堡，京师有数十万机动部队，实力远比瓦剌雄厚。明军只要严守边镇，坚壁清野，主力伺机而动，完全可以击破瓦剌的进攻，根本不需要皇帝亲征。但专权太监王振一再拒绝邝埜、于谦、王直等人的正确意见，一意孤行，扶持着"目不辨旌旗，耳不谙鼙角"的皇帝，胁迫满朝文武，率领数十万大军，从事战争游戏，最后丧师辱国，玩火者自己死于非命，昏聩的皇帝成了敌人的俘虏。

在具体战争指导上，明朝也犯了一系列错误。首先是进军的冒险主义。平时没有战争准备，几十万大军不作任何战争动员，没有严密的组织，临时发放粮饷、衣物、武器，匆忙出发；一路之上，风风雨雨，上层矛盾重重，士兵心绪紊乱，妄图侥幸获胜，完全成了儿戏式的冒险。其次是回师的逃跑主义。到大同后，见到阳和战败惨状，又畏敌如虎。撤退不选择安全路线；敌来之后，既不整军迎敌，也不结营自固；扎营既不就水草和选择有利地形，也不进入城堡，坚城固守。这种无知愚蠢而又专横跋扈的战争指导，只能导致惨败的结果。

土木堡的惨败，还暴露了明军的素质极差。将领不谙韬略，作战中不是遭敌人的突然袭击，就是中敌人的埋伏；作战不能相互配合，敌军过宣府击明军，宣府守军不出敌后；士兵漫无纪律，土木堡大营稍一移动，队形大乱，敌人一经冲入，士兵四处逃散，自相践踏，不堪一击。

反观也先，他的作战指挥比较主动灵活。他避开明军数十万优势兵力的锋芒，就是在明军饥疲不堪，匆忙撤退时，也不击其前锋主力，而是击其殿后，而且不硬打硬拼，采取突袭、伏击等战法歼灭明军；在对明军主力作战时，先是采取围而不打，继则采取诈骗手段引诱明军离开营地，乘混乱之机，横冲猛打，大获全胜。虽然瓦剌军的胜利主要是因为明朝昏君奸宦乱军，但他们每每能以少胜多，在战术上确有独到之处。在战略上也先没有雄才大略，没有长远打算，因此，只获得了一些战术上的胜利，夺得一些财宝而已。

英宗被俘

明英宗在卫士们的护卫之中，一点没有受伤，这也是个奇迹。此时，他身边只剩下一个太监，名叫喜宁。明英宗自知已经无法脱身，便慌忙翻身下马，找了个灌木丛躲了进去。

也先大获全胜，吩咐瓦剌士兵打扫战场。除了缴获明军大量军械甲胄之外，还意外地抓住了躲在灌木丛里的明英宗。

一名瓦剌士兵看到明英宗穿的盔甲特别好，走上前喝令他把衣甲脱下来。明英宗虽然害怕，却想保住皇帝的面子，不肯脱。那位瓦剌士兵正要动手杀人，可巧这时又来一个年纪稍大点的瓦剌头目，他是前一人的哥哥。哥哥问弟弟出了什么事。弟弟如此这般说了。哥哥果然见过些世面，围着明英宗左看右看，觉得此人非同寻常。他跟明军打过仗，见过明军高级将领，还没见一人穿这样一身行头。便对弟弟说，你别胡来，我看此人不一般，要好生对待他。说罢，便向明英宗和喜宁打手势，让明英宗跟他走。

头目把明英宗带到也先的弟弟伯颜帖木儿那里，并找来了翻译。

第四章

土木之变

一见伯颜帖木儿,明英宗便问:"你是哪一个?是也先,还是伯颜帖木儿,或者是赛刊王,大同王?"

一听这口气,伯颜帖木儿一惊,怀疑他是大明皇帝,便去报告给也先。

也先又找来此前出使瓦剌的两位明朝使者,确认是明英宗。

也先喜出望外,立即祷告上苍,今天打了个天大的胜仗,把明朝的皇上老子给逮住了,老天赐给他这样一个难得的猎物。也先于是又召来众首领,讨论对待这"意外的惊喜"。

有的说:"留这东西没用,杀了算了。"

伯颜帖木儿对也先说:"此役南人多毙,而此人无所伤,实上天佑之。既得天佑,人能把他怎么样?我看他倒是一棵摇钱树,不如多向明朝要些钱物,然后再把他交还。咱们既得了钱,又有个好名声。"

这话很对也先的心思。于是,他让人好生保护。瓦剌还俘虏了一个明军校尉叫袁彬,就让袁彬来服侍明英宗。又考虑他们都不懂蒙古语,又从俘虏中给明英宗配了翻译,此外还有几个负责饮食起居的人。也先担心这些人放在别处不安全,就把他们放在伯颜帖木儿的营内。

土木堡的胜利,对也先来说是意外的胜利。从也先入侵的动因来看，原本就是为了发泄一口恶气，抢掠一些财物，基本上属于"物欲"，当时并没有推翻明朝的奢望。即使俘获了明英宗，也先也仅仅把他视作榨取明朝更多财富的巨大筹码，并没有想到取而代之。也先致书监国郕王，开出了高价。郕王未予理睬，这让也先十分恼火。不过皇太后还是派使臣送来了价值不菲的金银玉帛。但最后早在战场上血雾弥天，人头四散之际，一些侥幸逃生的残兵游勇，蓬头垢面，遍体鳞伤，历尽千辛万苦到达各边关门时，边关守将见是自家兵士，立即开关放进，急切探听消息。兵士们一个个号啕大哭，俱言王振专横独断，倒行逆施，致使全军溃灭，皇上下落不明。守关将士闻此凶讯，禁不住泪流满面，失声大恸。很快边地百姓知晓此事，流言很快传至京城，但因无正式奏报，留守京师的大臣们始终将信将疑。

渐渐地，逃生归来的残兵游勇陆续出现在京城街头，留守大臣始知传言非讹，他们不约而同齐聚朝堂，相互询问，但谁也没有确切消息。败局，似乎是无可置疑了，但此时他们最为关心的却是明英宗的安危，一国之君下落不明，为人臣子者焉能不急？除了转圈跺脚，唉声叹气，他们似乎还没学会别的排除忧愁的招数。

明英宗被俘的消息最先传到后宫时，孙太后怔愣了半天，呆呆无语，钱皇后却如五雷轰顶，当场昏死过去。

直到看到了明英宗索取金帛的诏书，孙太后、钱皇后才渐渐产生了一丝侥幸，认为用财宝赎回皇帝是唯一上策。为稳定朝局，孙太后决定将明英宗被俘的凶讯秘而不宣，下令将宫中金银珠宝、文绮彩缎搜罗了十几箱，以八匹健马驮负，连夜赶往居庸关也先的军营。

八月十八日凌晨，留守大臣齐聚宫阙之下，彼此谈论着一些大军失败的不详的信息。正在这时，只见随征的大理寺右寺丞萧维桢、鸿胪寺掌寺事礼部左侍郎杨善等人，一路跌跌撞撞奔来。百官"呼啦"一下围过去，急切询问皇帝的下落。

萧、杨等人劫后余生，犹自全身战栗，痛不欲生，只是呜咽抽泣，半晌也说不出一句话来。经再三追问，二人才悲凄地说道："乘舆被陷！"

这四个字虽然声音极低，但对群臣来说无异于晴天霹雳。刹那间，金碧辉煌的紫禁城内，文武大臣如丧考妣，南腔北调哭作一团。土木惨败的消息迅速传遍京师，人人惶恐不已，莫可名状。直到半夜时分，怀来守将飞马急报，方知明英宗仍然活着，群臣方始心安。

孙太后见局势混乱不堪，恐生意外，于是决定正式公布明英宗被俘的消息，让群臣停止毫无意义的猜测、争执，立即议定防御措施。她下令在朝堂公布明英宗写下的信件，由吏部尚书王直代为宣读，当念到"不料昔日'靖康'之辱，竟又落到寡人头上"时，王直早已泣不成声，大臣们也忍耐不住，开始了新一轮号哭。

"国不可一日无君。"为了迅速填补这一权力真空，经群臣所请，孙太后降下懿旨，立年仅两岁的皇长子朱见深为皇太子，由郕王朱祁钰监国，并迅速议定京师守卫方案。

孙太后话音刚落，翰林侍讲徐有贞（当时叫徐珵）立即出班奏言："京师所剩不过疲惫之兵、羸弱之马，倘若也先乘胜杀来，如何抵挡？臣夜观天象，查考历数，天命已去，只有迁都南京方可躲过此劫！"

徐有贞南迁之议刚刚讲完，殿上响起洪亮激越的声音："京师，天下之根本，京师一动则大势已去。为今之计，只有速召天下勤王之兵，誓死坚守京城！"

说这话的人，正是兵部侍郎于谦。

朝堂群殴

在这节骨儿眼上，如果迁都南京，必然助长也先的嚣张气焰。自古以来，北方不守，偏安南方的朝廷哪有长久的？

再说，如果放弃抵抗，迁都南京，明英宗回归的大门也将永远被关死，他只能得到北宋徽、钦二帝的可悲下场。

于谦这话一说，当时第一个点头的就是监国的郕王朱祁钰。他这一点头，也就等于表态了。百官之首吏部尚书王直立刻表示支持，于是大臣们也纷纷主张不应南渡迁都。那些本来想法跟徐有贞一样的人，一看势头不对，也纷纷表示不该迁都。

这时候，站在郕王旁边的司礼监太监金英大声怒斥徐有贞："滚出去！"

于是，徐有贞在所有人鄙夷的目光中灰溜溜地被赶了出去。离开前，他暗暗瞪了于谦一眼，心中发誓，此仇不报，誓不为人。

孙太后被群臣的情绪所感染，决定誓死守卫北京，并将保卫北京的重任全盘托付给于谦。

土木一役，京师的精锐部队几乎丧失殆尽，所余兵卒不过十万，所谓的防御只不过是纸糊的灯笼。为防止也先乘虚进犯，于谦主持军务的第二天，立即奏请郕王紧急抽调南京、河南备操军，山东沿海备倭军，江北及北京诸府运粮军，浙江、福建守备军，急赴北京，同时下令移通州仓粮储入北京，以备万一。

此时，带着十几箱金银财宝出关的使臣黯然回返，带回一个令人十分沮丧的信息："财宝也先照单全收，我等再三叩请，竟连皇上也未见一面，更别说迎回圣驾了。"

群臣的情绪再也难以控制，右都御史陈镒首先发难，认为王振"罪恶滔天，擢发难数；怨声动地，粉骨莫偿；虽三尺之童，恨不能寝其皮、饮其血；六军之父，皆欲刳其心、剖其肝。虽汉之石显、唐之仇士良、宋之童贯，罪恶未有若此之甚也。虽万死。犹有余辜，天地不容，神人共怒"。虽然王振已死，但余党仍在，不诛灭其九族无以谢天下。

此言一出，所有大臣一齐跪伏在地，涕泪横流，齐声高呼："天子蒙尘，吉凶未卜，不诛灭王振九族，臣等誓死不起！"

随着一块块白色朝笏的上下晃动，郕王朱祁钰只觉眼花耳鸣，浑身热血突突直跳。事发突然，他还没做好监国理政的准备。

大家纷纷吵着要把王振灭门抄家，他实在吓坏了，就顺口说让锦衣卫指挥使马顺去办好了。

可是，这个马顺本来就是王振的死党，王振陷害忠良，打击异己，很多事都是马顺一手操办的。不提马顺还好，一提他，百官的气就上来了，满朝汹汹，跳骂不止。

马顺这时竟然站出来，呵斥百官："王司监生前，连万岁都呼称先生，如今王司监为国捐躯，尔等竟敢在他身后蛊惑生事，当真是活腻了不成？"

群臣早就对马顺恨之入骨，见他死到临头犹自嘴硬，再也不能忍耐下去。给事中王竑第一个冲上去，抓住马顺的头发，劈头盖脸打去，边打边说："你这个混蛋，助纣为虐，现在你的后台王振都倒了台了，你居然还敢这么嚣张！"

打还不解气，王竑还在马顺身上咬了几口。接着，群臣一拥而上，笏牌、朝靴没头没脑地砸在马顺身上，边打边喊："乱臣贼子，人人得而诛之！"

不大一会儿，马顺居然被活活打死了。

群臣意犹未尽，吵着闹着，当时就跟郕王朱祁钰要人。要谁呢？要王振的余党。

大太监金英一看，赶快叫人去喊了两个人来。谁呢？一个叫毛贵，一个叫王长随，都是王振在太监里头最贴心的死党。金英跟这两个家伙向来不和，现在把他们俩叫来，这就是存心的。结果这两个人还不知道怎么回事儿呢，一来到大殿里就被金英两脚给踹到了人堆儿里。

大家刚好打得还不过瘾呢，现在来了新对象，再接再厉，又把这两个人给打死了。

大殿上乱成一锅粥，不知道下面还会发生什么事。金英扶着浑身发抖的郕王朱祁钰，打算从偏殿撤走。

郕王朱祁钰一走，门外的锦衣卫就可能冲杀进来，为死去的马顺报仇。一场喋血事件将无可避免。一想到这些，于谦奋力从乱哄哄的人群中挣脱出来，拦在郕王朱祁钰面前。说道："郕王爷，情势紧急，臣请立即宣谕：马顺死有余辜，赦免众臣无罪，令锦衣卫退出殿外！"

郕王朱祁钰渐渐冷静下来，对于谦缓缓点头。金英一见此景，立即朗声高呼："郕王爷宣谕百官——马顺该死，众臣无罪，锦衣卫退居殿外！"

群臣听说打死奸贼不被追究，心里踏实下来。

于谦疾声高呼："今王振逆党，俱已正法，众臣各就其班，勿再喧哗。"群臣虽各归班列，仍然放声号哭，不能自已。于谦见群臣相向恸哭不已，出班再奏："众臣皆由忠愤所激，决无他意，请即降旨抄灭王振一族，以慰人心！"郕王朱祁钰点头应允。

都察院右都御史陈镒领命后，立即带兵将王振府第团团围住，将王振的侄子王山反绑双手推至朝堂。在于谦的暗示下，群臣虽不再动手乱殴，但仍唾击其面，怒骂不已。此时的郕王朱祁钰已完全恢复了常态，在历数了王山的种种恶行后，立命将其推出午门，凌迟处死；王振一家，一律处斩。自王振家中查抄的数目惊人的金银珠宝，全部充入国库，用以抚恤阵亡将士及军需之用。一时，满朝文武拍手称快，京师上下奔走相告。

退朝以后，郕王朱祁钰独留于谦在内，议定京师防御事宜。

深夜一鼓时分，于谦刚刚步出朝门，即被守候多时的群臣围了起来，年逾七旬的吏部尚书王直挤开众人，拉住于谦的手，激动地说："今日之事，全亏了先生。我一百个王直，也做不到啊！"

于谦在突发事变面前镇定自若，处事得体，毅然以天下安危为己任，得到举朝的敬重和信赖。

就在这时，内廷传来太后懿旨，任命于谦为兵部尚书。随着政局的突然变幻，于谦被推上历史的前台。

已是三鼓时分，但临危受命的于谦却久久难以入睡，猝然变幻的局势令他思绪万千：皇帝被俘，六师灰飞烟灭，郕王朱祁钰虽以监国身份总理朝政，终究没有皇帝名分，缺少一国之君应有的尊严，今日朝中骚乱即是明证。倘若也先挟当朝皇帝乘虚攻入京城，将士必投鼠忌器，难以放手抵抗，而一旦京师失守，天下民心离散，大元皇室势必借尸复活，芸芸众生又将重新陷入连绵不断的硝烟战火中。想到这里，于谦再也不能入睡，披衣起床，缓步走入院中。

也先素以狡诈著称，当朝皇帝攥在他的手中，绝不会轻易放还，因为这是他借以要挟朝廷的一张致命王牌，有了这张王牌，也先可以有恃无恐，可以大下赌注，甚至可以赢得整个天下！一念至此，于谦突觉灵光一闪：何不另立新君，让也先手中的这张王牌变成废纸？按照皇位继承原则，刚刚册立的太子无疑是最合适的第一人选，但他刚刚两岁，完全是一个浑蒙无知的孩童，值此国难当头之际，必须选立一位正值鼎盛年华、足堪大任的亲王方能稳住阵脚，而具备此等条件的，只有明英宗唯一的弟弟，时以监国身份主理朝政的郕王朱祁钰！

在征得大多数廷臣的同意下，于谦等联名上疏，以国不可一日无君之由，请皇太后立郕王朱祁钰为皇帝，安定人心。经过一番痛苦而冷静的思考，孙太后终于颁下懿旨，命郕王朱祁钰继承兄长皇位。

孰料，当郕王朱祁钰接到太后懿旨时，竟然"扑通"一声昏死在地，醒来后仍惶恐不已，百般推辞，后来干脆退避进郕王藩邸，闭门不出。群臣一路猛追，再三叩请："祖宗神器不可虚，圣母之命不可违。"但郕王朱祁钰居然装聋作哑，一声不吭。于谦见状，立即正色进言："臣等诚忧国家，非为私计，郕王爷如此推诿，独不念天下苍生乎？眼下国势危急，京城危在旦夕，请即群臣所请，速登大位，免生不测！"

面对来势汹汹的群臣和一波波疾风骤雨似的攻势，郕王朱祁钰终于败下阵来，无奈之下点头应允。

九月六日，郕王朱祁钰即位称帝，遥尊正在漠北苦熬的兄长朱祁镇为太上皇。以明年为景泰元年。至此，明朝因皇帝被俘而造成的权力真空，得以填补。这位临危受命的明朝第七位皇帝，即代宗景皇帝。

流亡生活

再说瓦剌，在土木堡一役收获颇丰，也先带着明英宗和战利品，经由宣府、大同北撤。

也先率兵到宣府时，天色向晚。也先把明英宗带到城南阵前，让守城明军官兵看个清楚，然后再传话给宣府守将道："尔等听着，乃君有命，速速开门迎驾。"

镇守宣府总兵官是杨洪，此外还有罗亨信与朱谦。这三位都是当时颇有盛名的明朝大将。

杨洪出身行伍，他的总兵官是靠战功取得的。他镇守宣府两年来，指挥有谋略，作战勇敢，瓦剌诸部都怕他，私下称他为"杨王"。明英宗对他也很器重。

这个罗亨信也很了不起。土木之变前，他是最早上疏朝廷防备也先入侵的将领。土木之变后，宣府吏民个个惊慌失措，认为宣府迟早会被也先攻破，不如弃城退回内地。于是就有一些官吏、富豪与普通百姓纷然出城。罗亨信仗剑坐在城门口，下令："出城者斩！"又亲自去做安抚百姓的工作。作为副职，他决心与杨洪同心协力，固守孤城。为此他日夜巡城，身不卸甲，头顶上的头发都被铁盔磨秃了。

也先来到城南时，正好赶上罗亨信在巡城。明英宗被俘的事他早就知道了。可当今皇上来到阵前，他还是大吃一惊。更让他吃惊的是，皇上竟然能听从也先的挟制，命令他的臣子开门投降！实在不可思议。

罗亨信便在城上大声道："臣罗亨信奉命为皇上守城，不敢为敌寇开城门！"

这话说得有气节，也很有分寸。他虽然没有羞辱丧失气节的皇帝，但明英宗听到这样的话应该羞愧得无地自容。

见罗亨信如此回答，也先还不死心，又称他那里有明英宗给杨洪的手诏，让罗亨信转交给杨洪，并要杨洪出来答话。

对明英宗，杨洪也有与罗亨信同样的感觉。杨洪对罗亨信说道："皇上手诏伪也。如今即真，亦不可受。"他连出面也不想出，只是派贴身军校出来答话："杨总兵官有言，臣唯知为主上守城，他事不敢闻命。"

也先气得直跳脚，高声叫骂，但也无可奈何。也先与明英宗都不明白，皇权与皇帝既有统一性，又有可分性。一旦皇帝不能再代表统治集团的利益，皇权就必然发生转移。也先手中的明英宗，仅仅是高级俘虏而已。

也先在宣府碰了钉子，又带着明英宗来到大同。

到了大同，也先故伎重演，同样是把明英宗拥至城外，以皇上的名义要求明军守将开门见驾。守卫大同的是广宁伯刘安和都督郭登。这两个人另有一套办法：紧闭城门，严加防守，拒不露面。

这次也先也乖了，他不再出头露面，而是逼着明英宗去想办法。堂堂皇帝，总不能自己去叫门。明英宗便让身边的校尉袁彬去叫门。袁彬无奈，只好到城门下去大呼小叫。城里的刘、郭二将就是不予理睬。袁彬只好回来。也先命瓦剌的弓箭手对准袁彬，叫不开城门不准回来，不然就放箭把他射成刺猬。

袁彬无奈，又回到城门前，用脑袋撞城门，血流满面，大呼刘、郭二将出城接驾，并说皇上确实有旨。

这样一来，城里广宁伯刘安和都督郭登就再也不能无动于衷了。

刘安与郭登商量，都认为所谓出城接驾不过是也先的诡计，意在袭取大同。既然对方声称"出城接驾"，这也是与皇上直接接触难得的机会，可以趁此机会了解一下皇上在敌营的状况和意图。不过也先阴险多变，全无信义可讲，出城接驾完全可能再成为也先的人质，或者再增加一批冤魂。

刘安对郭登说："安为主帅，自当前往接驾，公镇大同久矣，谙于战守，愿公坚守城池，无使也先奸计得逞。"

郭登道："公为主帅，当与大同共存亡。还是我出去接驾吧。"

刘安道："既然接驾，岂有主帅避匿而遣副帅代劳之理？吾意已决，公勿复言。"

说罢，刘安又向郭登交代一番，便上了城门，命校尉向瓦剌喊话："广宁伯、大同镇守总兵官刘安出城接驾，瓦剌兵退离城门五里以外等候！"

也先早就心里有数，下令瓦剌兵后退数里，等候刘安动静。

刘安顶盔亮甲，带了大同知府崔宣，还有数十骑随身护卫开门而出。刘安刚一出城，大同城门又紧紧关闭了。也先早已看在眼里，对明军的警惕与戒备暗自吃惊。

也先还真为刘安设计了一个朝觐仪式，让刘安见了明英宗一面。刘安行过武臣之礼，君臣之间还没说几句话，也先便站起来叫人把明英宗簇拥走了，草草搭起的大帐里就留下也先与刘安。

也先大块头，方脸，凸颧骨，酱紫色的脸上嵌了一双晶亮的小眼睛。但那双小眼睛却像夹在悬崖间的一泓秋潭，深不可测。少年得志，又加上大胜明军，使他更显得既傲慢又狂放无羁。

也先盘膝坐在大帐中的毡子上，又重申了他在致郕王朱祁钰书信中的话，接着又抚摸着下巴，斜睨着刘安道："贵邦人常说，神器不可无主，大位不可久空。广宁伯大概很为迎还皇上着急吧？"

土木之变

刘安笑道："太师的消息为何如此闭塞——日前朝廷已立东宫，郕王总摄国政。君不见一路上耕者耕，战者战，守者守。我朝土木之失，失在阉逆专擅；太师之胜，胜在侥幸。此一胜负不足以颠覆大明。"

也先也一笑道："我知道贵邦人有打嘴仗的专长。如果彼等能在两军交锋中也有如此专长，公之君父就不至于到我的军营里来做客了。罢了，罢了。"也先站起身来，在临时大帐中走着说道："瓦剌此次南进，于今已志得意满，近日即将北归。皇上留在我军营中，双方皆为不便。我意将当今圣上交还，唯愿贵邦也显示出诚意，多予金银布帛，以犒赏兵卒，抚恤伤亡。公意下如何？"

刘安一听，明白了，这是让拿钱赎人。也先想要钱是真的，至于是否肯交还皇上，那就难说了。也先的话从来就是靠不住的。

刘安问道："迎还皇上需多少银两？"

也先也很爽快："不得少于五千万两。"

好家伙，狮子大开口！也先提出的交易以及开出的价码到底是真是假，刘安实在无法判断。如今皇上身在敌营，应该洞悉也先的虚实。刘安想找机会面见明英宗。

刘安道："此等大事，边镇守臣岂能做主，当奏明皇上，由皇上圣裁。"

也先道："皇上归心似箭，何须再奏？"

刘安道："太师又不明白了不是？就算皇上报可，大同哪有这许多银子？也须皇上下诏，才能调用国家帑银。"

也先觉得有理，便安排刘安去会见明英宗。明英宗住在一顶小帐房里，帐外有重兵守卫，戒备森严。明英宗身边除了袁彬，还有太监喜宁和跛儿干。也先本人虽然没到场，但帐子入口处站着两个瓦剌小头目，显然是奉命监视的。

见面后，君臣双方免不了说些问安、问候之类的话，然后刘安便把也先以金钱换皇上的建议向明英宗奏说一遍，请明英宗裁处。

虽说当俘虏的日子很不好受，但明英宗对也先的建议并没表现出很高的兴趣。他扫了一眼站在不远处的瓦剌头目道："太师有此盛意，卿等自当量力而为之，切不可以朕躬为忧。"

明英宗说话显然有所避忌，不过，刘安也听出了此中的弦外之音，赶紧诺诺称是。

明英宗又道："军败时，朕着戎衣，今少袍服。不知军中可有织金蟒袍，可命人送来三二袭与朕。"

刘安一一遵旨。

这时，瓦剌头目叫道："太师有命，送大同守臣！"

只见明英宗对袁彬轻声说了几句什么，袁彬跟着刘安走出帐来。趁身边的瓦剌头目不注意，袁彬对刘安道："圣上命卑职传旨于总兵大人：也先之意在取财，回銮之言不可为信，卿等便宜处之。大同须严行戒备，以应不测。"

刘安返回大同，与郭登计议。也先跟我们玩起这种唬小孩子的骗术来，我们何不将计就计，跟他玩上一玩：索性装傻，给他一点甜头，趁机将圣上抢回来。

无奈军中没有多少金银。不用说五千万，一万也没有。他们只好向百姓筹措，大同也是塞上的穷地方，百姓先被瓦剌骚扰，现在又被明军搜刮了一回。

第二天，刘安带了随从，押着银子，直到也先营，命人通报，说是大同总兵官刘安交送银子来了。

也先一看，就这么一点银子，大为失望道："公送来的银子是不是太少了？你当是打发叫花子？"

刘安道："此为大同军饷。大同百姓广有献纳，并有诸多犒军食饮，容明日奉上。今必再面奏圣上，请旨调集，太师勿躁。"

刘安又在小帐房里见了明英宗。

刘安将所备蟒袍与日常用度进上，明英宗大喜。趁门外探子不备，君臣还商议了一个营救计划。

可是，还没等刘安实施，第二天，瓦剌兵早已拔营而去了。

也先自从俘虏了明英宗，原以为奇货可居，欲扣作人质，使明朝关隘不攻自下，并可向明朝大量索要金银财物。谁料想，于谦主持朝政后，新君已立，边备大修，部署得力，着意战守，每当也先以"送驾"为名进行讹诈时，都被于谦以"社稷为重，君为轻"的儒家信条碰回。原来也先手中的奇货，此刻竟成空质，以故"始谋归太上矣"。

明英宗从九五之尊降为战俘，何啻从天堂跌入地狱。其间的惊惧、恐惑、凄凉自不必言。刚刚被捉，又搞不清也先的意向，心中不免惴惴。他才二十出头的年纪，上有太后老母，下有刚出生不久的儿子，后宫妃嫔如云，他渴望寻常人家的天伦之乐；他才亲政八年，臣民亿万，一呼百应，钟鸣鼎食，何等气派，出则卤簿大驾，入则锦衣玉食，他更留恋这帝王生活！当他听说也先将送他回京时，便头脑发热，失去了理智，不能辨别也先的阴谋，竟毫不负责地给怀来、大同、北京写信，要求厚赏瓦剌，派人来迎，殊不知是开门揖盗。

九月十六日，明朝使臣季铎自北京而至，带来了给也先的礼物和皇太后给明英宗的御寒衣裘。使臣没被允准面见明英宗，只好转告明英宗：御弟郕王朱祁钰已于九月初六日即皇帝位，尊您为太上皇，文武百官奉上皇长子为东宫太子。

明英宗百感交集。

明英宗令袁彬修书三封，一封给御弟朱祁钰，同意禅位；一封给圣母皇太后，存问安康；一封给文武百官，绝也先辟地之心。可能是也先此时已决策再度南下，明使季铎匆匆离去。

第二天，也先给明英宗送来野味。二十二日复又北行二日，也先突然命令南行，"着厮杀马，五更时分起营，至暮驻扎。二十八日到大同"。此次南行，迅疾异常，五天行抵大同城下，不消说瓦剌骑兵的疲敝，明英宗更是苦不堪言。明英宗虽也曾轻裘肥马驰骤射猎，但这风驰电掣般的急行军可不曾经历。不管多么劳顿，毕竟是南行，离自己的家国越来越近，心里还不断燃起希冀。也先不是答应奉之还京吗？是希望？还是失望？凭它去吧。十月十一日到了北京城下，也先却把他看押在德胜门外的空房中，不予放还，以其做人质要挟明朝君臣。自己的城垣、自己的宫室都近在咫尺，然而却可望不可归。连续五六日的厮杀，人喊马嘶，箭矢如蝗，炮声震耳，谁胜谁负并不了解。只知道十六日又被挟持到易州，走蔚州，过阳和，向北撤退，十一月十六日回到也先老营时，已是滴水成冰的隆冬时节。

 ## 与瓦剌谈判

明英宗身边只有三人侍奉，一个是袁彬，一个是杨铭，另一位便是卫沙狐狸。袁彬，江西人，历任锦衣卫校尉。土木之败，为瓦剌军所俘，在雷家站遇到明英宗，明英宗喜欢他能够书写汉字，留在身边。杨铭，正统十三年（1448年）二月曾同其父杨只（原名哈只）做通事，随金吾左卫指挥使王喜往瓦剌部公干。正统十四年（1449年）春二月，父子二人又任通事，随指挥吴良赴瓦剌赏赐也先、脱脱不花、伯颜帖木儿，因双方关系破裂，被扣留瓦剌军营，明英宗因其通晓蒙语，要到身边服侍。卫沙狐狸，不知此所出，仅知服侍明英宗周到尽心。史称："英宗北狩，历时一年，往复出塞，上下关坂，昼夜渡涧河，涉险冒冻，周旋无矢，唯赖三人。冬夜卤帐，彬与铭尝陪寝，彬胁暖上皇足，而铭或睡熟，手加上皇胸，上皇俟其转侧，徐下之。卫沙狐狸往返取水负薪，皆叩头白也先。也先异之，得三人名，喜。彬为人温美、多计数，善言笑，时时为隐语。而杨铭、卫沙狐狸亦能谐谑以悦虏，虏益安上皇，上皇亦借以稍破岑寂。"君臣四人苦中寻乐，关系很是和谐。

在老营，明英宗驻帐苏武庙。不知此地是否真有苏武庙一类的历史遗迹，大凡苏武当年曾历经这里。漠北深冬，天寒地冽，明英宗君臣赖以御寒的仅窝儿帐房一顶，几人挤在一起席地而卧，虽有袁彬给他温脚，明英宗也长夜难眠。冬夜苦长，明英宗出帐仰观天象，指点袁彬等说，"天意有在，我终当归"，君臣聊以自慰。据袁彬记述，也先等人待明英宗还较客气，每二日进羊一只，七日进牛一只，逢五逢七逢十作筵席，逐日进牛奶马奶。他虽是俘虏，但对方还能以礼相待。

也先并不糊涂，是有头脑的政治、军事首领，瓦剌部既然无力吞掉明朝，那么就终归无法断绝与明朝的经济文化联系，这样一来，如何处置、对待明英宗都将是影响瓦剌与明朝关系的重要因素。据袁彬记载，也先还要把妹妹嫁给明英宗，结成郎舅关系，但被明英宗婉言拒绝。

明英宗在苏武庙驻扎近四十天，十二月初在老营起帐，往来扎驻。景泰元年（1450年）正月初一，是汉族传统的新春佳节，也称"元旦"。这一年又闰正月，春节自然要隆重庆祝一番了。明英宗羁留朔漠，遥望南天，怆然涕下。他慎终追远，念及列祖列宗，便亲手在白纸上写了表文，权代黄绫祝文，宰羊一只，祝告天地，行十六拜大礼，算是对祖宗略尽孝悌之情。这个正月过得很寂寞，既无除夕的隆重庆典，也无上元节的灯火，更无宫廷的堂会戏。他常常是和袁彬、杨铭面对青灯打发时日。

二月初一，也先请明英宗到其帐中，奉酒弹唱，又令"三妻皆出叩头，献铁脚皮"。顾名思义，我们揣度铁脚皮可能是御寒暖足的东西。

好歹算熬过了漫长的冬日，捱到了春天。可漠北的春天，无花无绿，满目黄沙，依然春寒料峭。大自然的转机来了，人的命运转机是否也随之而至？明英宗切盼朝廷使臣到来。听说脱脱不花王、阿剌知院早有议和使臣赴京，也先太师也曾答应送其还京，并扶其重登九五。就是条件要得高了些，必须高级别使臣奉表迎驾，还要带来丰厚的礼物，御弟是否答应？也先已把意见转告明朝，御弟能否念及手足之情快快遣使来迎？明英宗很忧心。

景泰元年（1450年）六月二十六日，瓦剌使臣参政完者脱欢等五人奉蒙文书表至京请和。景帝御文华殿，文武大臣恳请差人往瓦剌营地奉迎太上皇还京，景帝同意遣使，但对迎复却不积极。

经过几番商议，升礼科给事中李实为礼部右侍郎任正使、罗绮升大理寺右少卿任副使、马显升指挥任通事，组成使团。景帝钦给帐房、马匹、食物，敕书准备启程。七月初一日陛辞，景帝御左顺门，召李实、罗绮面谕："尔等去脱脱不花王、也先那里，勤谨办事，好生说话，不要弱了国势。"李实携带景泰皇帝给脱脱不花王、也先太师、阿剌知院敕书三道，每人三百两白银和二十四表里彩缎，同完者脱欢等一行二十一人，即日启程。

七月十一日，他们到达也先驻帐地，地名失八儿秃。也先接见了使臣，同意带他们去见明英宗。

第二天，李实、罗绮等人在瓦剌骑士引导下到伯颜帖木儿驻帐地朝见太上皇帝。明英宗已近一年未见故国人，未闻故乡音，李实、罗绮虽是陌生小臣，但仍倍感亲切。人是故乡亲呀！

明英宗叮嘱李实道："你们回去，上覆当今皇帝并内外文武群臣，差来迎我，愿看守祖宗陵寝，或做百姓也好。若不来接取，也先说今人马扰边，十年不休。"

李实有首《七律》描述这次君臣会面的凄凉情景："重整衣冠拜上皇，忽闻天语倍凄凉。腥膻满腹非天禄，野草为居异帝乡。始信奸臣专国权，终教胡虏叛天常。只今来使通和好，翠辇南还省建章。"

李实、罗绮别过太上皇，向也先透露了迎接明英宗南归的意图，也先回答："大明皇帝敕书内只说讲和，不曾说来迎驾。太上皇帝留在这里，又做不得我们皇帝，是个闲人，诸事难用。我还你们，千载之后，只图个好名儿。你们回去奏知，务差太监一二人、老臣三五人来接，我便差人送去。"为表示送回明英宗的诚意，也先立即遣尚书土木军偕副使罗绮同往大同，调回扰边骑兵。李实南归，向明英宗辞行，明英宗再三叮咛："你们回去，上覆圣母太后，当今皇帝，也先要者，非要土地，唯要蟒龙织金彩缎等物，可着早赍来。"明英宗此刻正心急如焚，切盼早日回到北京。从这些叮嘱，我们发现，朱祁镇对自己回归似有忧心。他担忧的倒不是也先，而是他的御弟。

明英宗在漠北的一年间，基本上是虚掷光阴，无所事事。要说他对北京保卫战还有什么贡献的话，那就是他参与并指导实施了智擒喜宁的计划。

喜宁，原明朝宫内御用监太监，从征至土木堡，与英宗一同被擒。《罪惟录》称他"故彝种也"，《明英宗实录》说他是"降虏"。被瓦剌骑兵擒获后，即向也先投降，尽泄九边及京师虚实。正统十四年（1449年）八月，也先挟持明英宗多处索取厚贿，又企图赚下宣府、大同等城，点子都出自喜宁。喜宁颇得也先信任，成了摇羽毛扇的人物。明英宗在漠北苦苦挣扎，与之荣辱与共的是袁彬、杨铭。喜宁非但不服侍明英宗，反而经常破坏明英宗与袁彬君臣的和谐气氛，甚至欲置袁彬于死地。

正统十四年（1449年）十月，喜宁劝也先"挟上皇要京师，不得志""复欲拥趋宁夏，彬与铭止上皇勿行"，喜宁恨袁彬、杨铭入骨，多次在瓦剌部各首领面前谗陷袁彬、杨铭，因也先对二人印象较好，计不得逞。一天，喜宁伙同几名瓦剌骑兵将袁彬骗到芦苇荡中，用皮条捆个结实，行将活剥。幸亏忠勇伯密令人往告明英宗，明英宗派杨铭找也先求情，才救了袁彬一条性命。

也先的智略远不如喜宁。

也先对奇货可居的明英宗，既要利用，又不很放心，少不得要在明英宗身边安插一两个耳目。也先完全可以派三两个瓦剌耳目去服侍明英宗，明英宗没有理由也不敢拒绝。不过这样会引起俘虏皇帝的警觉，难以窥控明英宗之心。倘若把明英宗心腹太监招降过来为我所用，那就再好不过了。于是也先便命人诱降喜宁。

喜宁这个人也四十多岁了，不过他既没有什么信念，也没有什么操守。当初净身当太监也是迫于生计，为了能混出个人样来。好不容易混到了皇上身边，谁知又有王振这座山压在头上，一句话都不敢多说，更不敢有争宠之念。如今王振死了，头上的大山没了，可是皇上当了俘虏，身边的靠山也没了，叫他好不懊恼。

当也先刚派人策反时，喜宁断然拒绝，说一些誓死忠君之类的话。他自己也对这些话感到陌生，好像不是他喜宁说的。其实他早已心中窃喜，这样做的目的仅仅是为了抬高身价，让瓦剌人知道好货不便宜，便宜没好货。瓦剌人果然按喜宁的路子走下来，直到也先亲自召见他。

也先说："如今你们南朝不行了，完蛋了，我们北朝正在兴旺之中，现在正缺人。你一直在皇上身边，知道不少朝廷里的事，对朝廷政务和发兵打仗，对南朝的强弱虚实都清楚，人又机灵。凭这些长处，要是为我效力，要官有官，要钱有钱，官钱都要，官钱都有。再到南朝去，你就不再是太监，而是北朝重臣，那些狗眼看人低的人谁敢看不起喜宁？"

也先的话全说到喜宁心里去了。喜宁忙跪倒在地，叩头致谢道："小人乃刑余之人，一向为人轻辱，今得遇太师，备极恩宠，敢不效犬马之力？今后愿肝脑涂地，君视太师，任由驱使就是。"

喜宁叛变后，又把明英宗身边另一个蒙古族太监跛儿干也拉到也先手下。这两个叛变的阉逆摇身一变，便成了也先的亲信，成了明英宗身边的密探。

喜宁撺掇也先进侵北京，说大明京师空虚，嬴卒瘦马不足十万，不如一举拿下，弄个天子当当。

也先被他说得心里痒痒的，接着问道："这回再杀回去，总得有个由头吧？"

喜宁悠悠地说："送还皇上。"

也先猛喝一口酒，一拍案，说："好，就这么定了。我当了皇上，你就是太师！"

喜宁多次引导瓦剌扰边，危及其君臣的安全，明英宗早想除掉他。一天，他借北京久无信息，欲差人回京问候并索取春衣为名，遣袁彬到也先处说："爷爷有旨，要差总旗高斌、太监喜宁同瓦剌使臣纳哈出回京。"也先不察其中有计，依请而行。

喜宁多次导引也先犯边，北京方面也有所察觉，只是他随瓦剌骑兵同来同去捉他不到。明英宗致景帝书讲了喜宁些好话，像是为其申请赏赐，骗过了喜宁。明英宗又命袁彬密写喜宁谋叛各种罪行，函藏于木片内，系于高斌腿上，令其到宣府时与总兵等官合作相机擒拿喜宁。

景泰元年（1450年）二月十二日，先头瓦剌使团三人行至万全右卫。十四日又有五十余人近边墙而行，独有一人到城下说话，此人便是总旗高斌，自称回北京奏事。总兵官朱谦已知此行的目的，委托宣府右参将相机依计而行。杨俊连夜四更赶到宣府右卫城内。十五日，杨俊令都指挥江福、内官阮华州、陈纶到使团必经的野狐岭埋伏人马。巳时，有瓦剌骑兵一千余人近边南行。高斌走到城下，杨俊问喜宁来了没有，高斌回答在后边队伍中。杨俊叫高斌会通报喜宁，官军们已备好酒席礼物，请使团入城一叙，喜宁怀疑有诈，拒绝入城。杨俊又叫高斌去说，不劳太监及使团入城，只到城下一会儿，备下薄酒，各表心意，喜宁才领了数名瓦剌骑兵来到城下。

高斌与杨俊密约，当在城下向喜宁进酒时，城上放短枪为号，火铳一响，随行几个瓦剌骑兵惊逃，高斌奋起抱住喜宁，滚下城壕，遂将其擒获。

同行的正使纳哈出逃回，报知喜宁被擒的消息。也先十分沮丧。明英宗听后却喜出望外说："干戈久不息，人民被害，皆喜宁所为。今后边防宁靖，我南归亦有日矣。"

喜宁被押解到北京，明廷历数其罪行，磔于市，三日而亡。

于谦

第五章

临危受命

当时通州官仓存粮有数百万石，有人建议放火烧掉，以免资敌。于谦不肯，他奏请明代宗下令，颁发京城官员九个月的俸粮，预发士兵六个月的饷粮，叫大家自己到通州粮仓去领。他还发动京城百姓协助政府运粮，凡能从通州官仓运粮二十石交给京城官仓的，发给运费白银一两。

命令一下，全城军民忙得热火朝天，运粮的队伍汇成一股洪流，白天车马相接，夜里火把通明，家家都有存粮，人心安定。

巩固京师

土木之役后，于谦深知瓦剌进攻北京只是早晚之事，提高北京地区的应战能力，加强北部的全线防御力度，实乃迫在眉睫。除了前面所说的迅速调集各方军队进京之外，于谦重点加强了前沿重要军事阵地，像独石口、居庸关、紫荆关、宣府、大同等地的防守，更大范围地建立对北京的防御圈。

在选拔镇守将领方面，于谦不拘一格使用人才。如原大同都督石亨，阳和惨败后单骑逃回北京，于谦特请赦免，起用他总领京营兵镇守京城。又如，以监察御史程富镇守独石口，广东东莞县河伯所闸官罗通为兵部郎中守御居庸关，四川按察使曹泰调守紫荆关，等等。于谦根本不按一般官吏升迁的序列选派将领，而是根据对这些人才干的赏识和品格的洞察而定。

此外，封镇守宣府的杨洪为昌平伯，奖谕巡抚罗亨信等。土木之败后，宣府成为一座孤城，人心涣散，许多人想弃城逃跑。罗亨信仗剑坐守城门，宣布命令："出城者斩！"有效地制止了逃跑倾向。

也先曾三次进攻宣府，挟明英宗命令杨洪、罗亨信开门，皆被拒绝。杨、罗二人率同军民坚守孤城，终于保住了这个重要据点，为保卫京师立下了赫赫战功。于谦仍请杨洪同罗亨信、朱谦一道镇守宣府，勉励他们继续抵抗瓦剌。

九月初七，于谦推荐辽东都指挥范广为副总兵，协助石亨佐理京营。

九月十五日，于谦推荐大同副总兵都督同知郭登为总兵官，佩征西将军印，取代刘安镇守大同。原来，郭登一直与广宁伯总兵官刘安一同镇守大同。土木之战后，八月二十一日瓦剌军拥着明英宗来到大同城外，郭登却"闭门不纳"。明英宗传话给郭登："朕与你还有姻亲关系呢，你怎么能这样对待朕！"郭登回答："臣乃奉命守城，不敢擅自开启。"于是，刘安出城朝见明英宗，明英宗索要了大同库金一万两，并让刘安把在阳和死去的朱冕、宋瑛及宦官郭敬等人的家财分给也先及伯颜帖木儿等人。

瓦剌军围困大同三天，大同守军伤亡巨大，城门昼夜紧闭，人心惶惶。郭登带领士兵加固城墙，自造兵器，吊死问伤，安抚百姓，并亲自为伤兵换药裹伤。他慷慨激昂地对军民宣誓："誓与此城共存亡，决不让诸位独自赴死！"他的行为大大鼓舞了士气。而刘安却不顾边防重任，一心想升官。当他得知明英宗要提升他为侯的许诺之后，竟以报告敌情为由，擅自离开大同前线奔来京师，要求兑现明英

临危受命

长城要塞紫荆关

宗的许诺。他的行为遭到了文武大臣的弹劾。他不仅没能升官晋爵，反而受到于谦的严厉惩治，进了班房。郭登被任命为总兵官后，更加振奋，日夜秣马厉兵，精心整顿军备。大同这座孤城也同宣府一样，巍然屹立在北京的西北，有效地阻挡着瓦剌的铁骑。

居庸关和紫荆关是瓦剌军从西北、西南进攻北京的必经之路。人称居庸"两山夹峙，下有巨涧，悬崖峭壁，称为绝险"，而认为紫荆关"城高池深，足称雄固；当居庸、倒马间，实为辅车之势"。明廷升兵部郎中罗通、兵科给事中孙祥均为右副都御史，命罗通守居庸关，孙祥守紫荆关。罗通原来因罪被贬谪，于谦起用他为兵部员外郎，守居庸关。他到任后，相度形势，提出居庸关三十六个隘口宜增守卫兵力的主张，升为郎中，后又升为右副都御史，负起守卫居庸关的重任。到九月末，守卫居庸关的兵力，已由九千人增加到一万九千人，守卫紫荆关的兵力，由七千人增加到一万二千人。由于加强了大同、宣府、居庸关和紫荆关的防御，给保卫北京的准备工作争取了时间。

于谦还整治了一批带兵不严的将领，如忻城伯赵荣，平素懒于操练，致使军容不整，军纪全无，犹如一盘散沙。于谦请明代宗将其治罪。

为充实后备力量，于谦奏请明代宗在直隶、山东、山西、河南等地招募民壮，进行操练，补往各卫所。为防止遗留在华北等地已归附明朝的蒙古后裔借机起事，明朝廷赏他们每人银二两，布二匹，以怀柔之策，告诫他们安分守己。

当时通州官仓存粮有数百万石，有人建议放火烧掉，以免资敌。于谦不肯，他奏请明代宗下令，颁发京城官员九个月的俸粮，预发士兵六个月的饷粮，叫大家自己到通州粮仓去领。他还发动京城百姓协助政府运粮，凡能从通州官仓运粮二十石交给京城官仓的，发给运费白银一两。

命令一下，全城军民忙得热火朝天，运粮的队伍汇成一股洪流，白天车马相接，夜里火把通明，家家都有存粮，人心安定。

在物资方面，除了调运通州仓粮进京，还做好了近京地区各官仓的保卫和调运准备工作，以备随时调用。于谦集运大批坚木巨石前往龙门、独石口、居庸关、紫荆关等大小关隘，用以坚固城墙，修筑堡垒。凡可通人马的大沟小道，或用垒石木料堵塞，或以重兵严密把守。他还更换了军队衣甲、旗帜标号，以别于被瓦剌掠去的衣甲和旗帜。

经过这一番努力，到九月底，于谦麾下又有了二十多万大军，并且，京城内外形成了一片同仇敌忾、斗志昂扬的气氛，百姓的力量也被调动起来。

于谦本人在这一个多月里日日夜夜殚精竭虑。明代宗初立，他对明代宗慨然泣奏："防御之事，臣以身家性命来抵挡，不行则请治臣罪！"他夜宿"直庐"（相当于今值班室），绝少回家，累得旧疾复发，咳痰不止。明代宗闻知，亲自到万岁山伐竹取沥水给他治病。这也许是新皇帝坐稳乱局之后发自内心的感激，却不免引起了一部分人的妒嫉，觉得皇帝过分宠爱于谦，太监兴安为之辩白道："为国分忧，像于公这样的还有第二个吗？"

北京的城地，永乐时修建宫殿后，曾加以修筑，形成了城周四十五里，开九门（南为崇文、正阳、宣武，东为东直、朝阳，西为西直、阜成，北为德胜、安定），外有城壕的城防工事。到正统年间，城防工事有所加强。第一，加固城墙。北京的城墙，洪武年间开始，外侧用砖包砌，但内侧依然为土筑。正统十年（1445年），内侧也砌以砖，使城墙更加坚固。第二，修建城楼、城壕、桥和闸，并使之配套。从正统元年到四年（1436—1439年），各城门都修建了正门楼和月城楼，各门外修建了牌楼，城四角修建角楼。另外，深浚了城壕，壕两岸均砌以砖石。同时把九门外旧有的木桥拆掉，改为石桥，两桥之间，各有水闸，从而加强了城防。第三，为了防御也先的进攻，令工部在城墙堞口设置门扉，在城东、西、南三面城墙上缚沙栏木。共设门扉一千一百余扇，沙栏木长五千一百余丈，进一步增强了北京城池的防御性能。

明廷在紧急情况下，在政治上稳定了局势，在军事上形成了远有

长城要塞居庸关

大同、宣府，近有紫荆、居庸，城池防御性能良好，形势较土木之变时大有改观。

正当于谦呕心沥血，率领明朝官兵昼夜备战之时，一阵更为猛烈、疯狂的马蹄声裹挟着塞外的寒气、风沙，滚滚而来了。

击退瓦剌

也先这次进攻，采取了兵分两路、南北夹击、长驱直入、进逼北京的方略。南路用兵三万，也先亲自率领，是进攻的主力，挟持太上皇，经紫荆关进攻北京；北路用一部兵力攻居庸关、白羊口以配合。

九月二十八日，也先挟持明英宗到大同北门。总兵官郭登身穿朝服，在月门里设交椅一把，请明英宗下马进入，同时在城上埋伏士兵，待明英宗入后，放下闸板。但明英宗不肯下马，也先等发现，就挟持明英宗出门去。也先又挟持明英宗到东门，要求城中官员出见，知府霍瑄从水窦出见明英宗，并送上羊酒等物。也先没有攻城，郭登等也没有出击。

十月初三，也先挟持明英宗到阳和（今山西阳高），阳和守将送明英宗以牛羊酒。双方仍未交战。初四，也先挟持明英宗到达紫荆关北口，右副都御史孙祥派指挥刘深去见明英宗。紫荆关是通往北京的咽喉要道。也先欲犯京师，必先取紫荆关。

十月初五，也先军开始进攻明军。明军在孙祥的带领下，凭借崎岖山谷、城高池深，进行顽强抵抗。太监喜宁引也先从间道入，内外夹攻，进入关城，都指挥韩青战死，右副都御史孙祥督兵与敌人巷战，最后被杀。初九，喜宁引也先军烧毁紫荆关，挟持明英宗经易州、良乡、卢沟桥，于十一日进抵北京城郊。与此同时，也先别部攻入白羊口（北京昌平西），守将吕铎逃跑，刚到任不久的通政使谢泽督兵扼山口。当时风沙弥漫，不辨人马，有人建议转移到其他山口避敌，谢泽不肯，坚决抵抗。士兵溃逃，敌人攻入，谢泽痛斥敌人被杀。

对于也先以送明英宗为名的进攻，明廷在九月二十三日，已有所闻，并采取了一系列应急措施。

一、识敌阴谋，加强戒备。九月二十四日，明廷指示镇守宣府的太监赵琮，一定要以"宗社为重"，瓦剌如果真心送驾回京，人马若只有五七骑或十数骑，可听其自来；若大队人马护送"必非真情"，当"从长计议，或事袭击，或用固守，务出万全"，并要求紫荆关、居庸关等守将，加强戒备，有备无患。

北京德胜门旧景，于谦曾在此抗击瓦剌军

二、任命将领，加强指挥。命兵部尚书于谦提督各营军马，统一指挥。起用王通为中军都督府都督金事、任命礼部左侍郎杨善为都察院左副都御史，同王通一起，提督守备京城，并以吏科给事中程信、户科给事中王蛇协助之。赦免广宁伯刘安，令顾兴祖、刘聚恢复官职，以刘安为总兵官，祖、聚为副总兵杀敌。

（3）派兵遣将，增援紫荆。也先军于十月初五攻打紫荆关，初六，明廷以都督孙镗充总兵官，高礼为副总兵，率精兵两千六百人，支援紫荆关的防守，并以都督毛福寿、陶瑾率精兵一万，策应孙镗。但刚要出发，得知紫荆关失守，孙镗遂率军驻扎于北京近郊。

（4）调集军队，急驰勤王。致书宗室诸王，要求他们以宗社为重，派将领，率精兵，星夜赴京勤王。命守备宣府总兵官杨洪率兵两万，辽东副总兵焦礼、施聚将兵三万，星夜入援京师。

（5）列阵九门，严守京师。瓦剌也先军进逼京师，右都督石亨主张收兵入城，禁闭九门，坚壁疲敌。于谦认为，瓦剌势盛，"奈何示弱，使敌益轻我"！他主张"凡兵皆出营郭外"御敌，于是将主力二十二万依城列阵于九门之外；都督陶瑾列阵于安定门；广宁伯刘安列阵于东直门；武进伯朱瑛列阵于朝阳门；都督刘聚列阵于西直门；副总兵顾兴祖列阵于阜成门；都指挥李端列阵于正阳门；都督刘德新列阵于崇文门；都指挥汤节列阵于宣武门；于谦与石亨率副总兵范广、武兴列阵于德胜门，以当冲要。

关闭九门，绝士卒反顾，以示背城一战的决心。还规定："临阵将不顾军先退者，斩其将。军不顾将先退者，后队斩前队。"于谦躬擐甲胄，率先士卒，激励三军。这样，就形成了一个依城为营，以战为守，分调援军，内外夹击的作战部署，准备与瓦剌军决战于北京城下。

十月十一日，都督高礼、毛福寿迎击瓦剌军于彰义门（今北京广安门西）北，击退敌三百余人的进攻，生擒一人。当日，瓦剌也先军列阵于西直门外。

十二日，也先挟持明英宗至德胜门外土城，要求朝廷派大臣出迎。明代宗怀疑其中有诈，遂临时升通政司左参议王复为右通政使、

临危受命

中书舍人赵荣为太常寺少卿，派他们出城朝见明英宗，并送去羊酒等物。也先认为王复、赵荣官小，将其遣回，要求兵部尚书、统领全军人马的于谦，右都督、节制九门防卫的石亨，吏部尚书王直，礼部尚书胡濙亲自出城迎接，并索求金帛数以万万计。显然这是诱骗和敲诈。但这时朝廷议论纷纷，对于是战是和，明代宗一时难以决断。礼部派人问于谦，于谦回答："今日只知有军旅，他非敢所闻。"从而粉碎了也先的诱骗阴谋，上下决心抵御。

当日夜，所镇抚薛斌率官旗二十三人，潜劫贼营，射死贼一人，夺所掳人口一千余。

十三日，瓦剌军进攻德胜门。于谦令石亨在城外民房内设置伏兵，派少数骑兵佯败诱敌。也先以万骑紧追不舍，明军神机营火器齐发，伏兵骤起。范广率军冲击，大败瓦剌军于城下。也先弟勃罗、平章卯那孩等中炮死，瓦剌军退。也先发觉明军主力在德胜门，便集中力量转攻西直门。都督孙镗迎击，斩其先锋数人。瓦剌军稍后退，孙镗追击。瓦剌军增兵围攻孙镗。孙镗力战不支，欲退入城中，给事中程信守西城，严令不许开门，命城上守军发神炮、火箭助战，轰击瓦剌军。这时，高礼、毛福寿前来支援，礼中流矢。石亨又分兵从德胜门来接，瓦剌军乃退。

十四日，于谦派副总兵武兴、都督王敬等前往彰义门歼敌，并令都督毛福寿等于京城外西南街巷要路，堵塞路口，埋伏神铳、短枪，以待策应。王敬、武兴与敌战于彰义门外，武兴会明军前队以神铳轰击，后队列弓弩、短兵继之，把瓦剌军击退。这时，明代宗所派监军太监，率数百骑由明阵内驰马抢前，企图争功，使明军阵势陷入混乱，瓦剌军乘势反击，

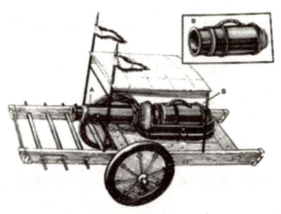

北京保卫战中明军使用的火器

追至土城，副总兵武兴中箭死。在此危急之际，居民升屋，号呼投砖石击寇，哗声动天，配合明军击敌，瓦剌军进攻受挫。金都御史王竑、都督毛福寿等率领的援军也及时赶到，瓦剌军退去。当日，瓦剌别部运板木、草束攻居庸关，也被明军用火器击退。也先在进攻北京的过程中，到处遭到民众的自发袭击。攻紫荆关时，灵丘（今属山西）、蔚州（今河北蔚县）、广昌（今河北涞源）一带民众，聚山守寨，奋起抵抗，截击瓦剌军，救出被掳人口。北京周围州县的民众，也纷纷组织起来，对四出掠夺的瓦剌军予以打击。

也先对北京各门的进攻屡遭失败，又获悉明各路援军即将到达，生怕归路断绝，便于十五日夜，挟持明英宗由良乡向紫荆关方向撤

退。另一部向居庸关方向撤退，十六日，至居庸关。都指挥杨俊率官军八百追击敌人，斩获六级，获马一百二十匹，牛骡四百七十余只，追回男女五百余口。也先率军离去。

瓦剌军进入紫荆关后，四出掳掠，同时散居京畿原归服的蒙古人也乘机抢劫。也先退出后，余下的瓦剌军仍在易州以西下营抢劫。明廷于二十四日以杨洪为总兵官，范广为左副总兵，孙镗为右副总兵，陶瑾、张义、陈友、刘聚为参将，率兵五万，分为两军，一前一后，声势相接，进行追剿。二十五日，杨洪在霸州（今河北霸州市）境破残虏，生擒引路的内奸五人，夺回被掳人口万余，马牛无数。孙镗、范广也有斩获，直至把敌人逐出紫荆关。

此次瓦剌军的进攻，可汗脱脱不花兵在后，还未入关，闻也先败，退兵。二十日，他单独遣使兀灵哈来朝。明廷为分化离间他与也先的关系，宴请使者，并赐予彩币等物。

北京保卫战以也先败退，脱脱不花来朝和肃清残敌而宣告结束。

北京保卫战是一次胜利的城市守卫战，究其胜利的原因，主要有以下几点。

一、决策正确，上下同心抗敌。土木之役后，以于谦为首的抗敌派战胜迁都派，说服了皇太后，坚定了保卫北京的决心。拥立郕王为帝，任命了各部大臣，建立了政府领导，特别是任命了以忧国忘家、志存宗社、有胆有识的于谦为兵部尚书，有了一个坚强的抗敌核心；惩办了王振余党，人心大快，抗敌之心振奋；瓦剌军烧杀劫掠，民心要求抗敌。这些是取得这次保卫战胜利的极其重要的政治因素。

二、筹措军兵粮饷，战争准备充分。土木之役后，在于谦的主持下，迅速地进行了战争准备；任命了一批得力的将领，京军由十万疲弱之卒，迅速增至二十二万，超过瓦剌军数倍；调拨、收集、制造武器装备，迅速武装起来；搬运粮草进京，准备持久御敌，焚毁北京周围不能运进的粮草，不予资敌。这些为取得保卫战胜利奠定了物质基础。

三、梯次部署兵力，有效御敌进攻。远则大同、宣府重镇，近则居庸、紫荆关隘，最后京郊、城垣，形成有层次、纵深的防御部署。尽管大同、宣府没有发挥多大作用，但紫荆关的防御战，为保卫北京赢得了宝贵的五天时间。

四、以战为守，发挥火器威力。城市防御战有以攻为守、婴城自守、攻守结合几种打法。北京保卫战创造了背城决战，以战为守的成功战法。在兵力超过敌人数倍，作战准备充分，士气振作的情况下，于谦决定兵出九门，战于城郊是正确的。作战中相互配合，敌攻一路，他路支援；敌攻城外，城上配合；夜袭敌军，主动出击等战术运用也是成功的。巧妙地运用火器，先以伏兵诱敌，待敌迫近突然以火铳、火炮、飞枪、火箭齐射，或用大将军（巨型重炮）轰击；待敌乱，步、骑再发起猛烈反击。火器同步、骑、弩兵密切配合，充分发挥了自己之优长，减杀了瓦剌骑兵的优势。这些使明军迅速地变被动为主动，仅五天就击退强敌。

但是，北京保卫战也确实暴露了明军的不少弱点。北京保卫战就保卫北京来讲是成功的，但就同瓦剌军作战来讲，并没有取得重大胜利，既没有使瓦剌军受到重大损失，也没有夺回明英宗，阻止瓦剌的进出。正如当时人指出的："未有若今日，也先乘胜入寇，直抵京城，奉上皇以来，而天下之大，数十万之众，既不能奋武以破敌，又不能约和以迎驾，听其自来，又听其自去者也。"其在战争指导上，主要有以下失误。

一、婴城自保，不主动出击。大同、宣府为北京的外大门，守城将领郭登、杨洪素称骁勇善战，但当也先挟持明英宗进攻时，他们只知婴城自守，通报消息，既未率军出城击敌，也未袭敌之后，任敌自由出入己境。如果他们能主动出击，或者当敌人过境之时，尾随敌后，进行袭扰，至少可以迟滞敌人，使其不能长驱直入。甚至在其攻打紫荆关时，腹背受敌，难以奏效，把敌堵截于紫荆关之外。

二、赴援迟缓，痛失关隘。也先十月初五，攻打紫荆关，明军六日决定支援。但直到紫荆关失守的消息传到京城，援军尚未出发，暴露了明军将领不谙兵贵神速，明军准备不周。如果赴援迅速，也先以三万兵力要想攻下近四万明军依险而守，后有一万精兵策应的关隘，当是困难的。

三、追堵不力，任其来去。瓦剌进攻北京的兵力，最多不超过五万，但在十五日夜撤退后，明守城的二十二万大军无一卒追击，居庸关、紫荆关的守军，也没有有效的堵截，"听其自来，又听其自去"，这是战争指导上的一个重大失误。如果严守两关，形成关门打狗之势，二十几万大军，对付也先几万人，即使不能将其彻底消灭，至少可以给他以重大打击。

综上所述，可见北京保卫战的胜利实属有限，它说明了明军已失去了二十多年前五征漠北时的雄风。

瓦剌也先军的失利，从作战指导上来看，主要是孤军轻敌冒进。也先置宣府、大同等要点于不顾，长驱深入千余里，直驱北京，结果前有坚城、重兵，后有重镇、险关，外有四方云集的勤王军，自己兵力不足，与脱脱不花、阿剌不能互相配合，援军不济，在战略上处于孤军被夹击的态势；攻城非骑兵所长，要攻下设防坚固的城池，实属困难。也先军虽然失利，但从实战中也可看出瓦剌军的某些优长：在攻城失利之后，迅速撤退，反映出也先有较强的应变能力；以送上皇为名，避免了过早地同明军交战，顺利通过重镇，直趋北京，虽然有些冒险，但如明京城不坚决抵抗，就能顺利达到目的；朝发阳和，夕抵紫荆，从紫荆到良乡也只一天，这种快速机动也是明军难以匹敌的。

在于谦的领导下，北京保卫战取得胜利，大明王朝的历史得以延续。

于谦肩负起了自己的历史使命，勇敢而智慧地领导并取得了这场战斗的胜利，可以说是功勋卓著。可就是这样一位历史的英雄，在保家卫国之后，却要面对命运的不公。

英宗南归

也先在进军过程中，"纵兵四出杀掠"，致使广大生灵涂炭，社会经济遭到严重破坏。如独石、龙门等"八城俱毁"，"以致数年之经营，数十万之蓄积，一切委绪草莽"。直隶、保定等府，人民惊散，积聚粮草官物多被烧毁，畿甸也荒残不堪。口外顺圣川（今河北阳原东），其地沃数百里，可垦田三万五千六百六十顷，兵燹之余，军民田宅"荡然一空"。山西河曲、大同住地受劫之后更是一片"人畜殆尽""老稚悲号，声彻原野"的惨景。因而，普遍激起了内地人民对瓦剌封建主的愤恨，积极支持以于谦为代表的明廷抗战派，英勇抗击瓦剌。致使瓦剌连战连败，遭到沉重打击。

同时，瓦剌内部也出现分歧。可汗脱脱不花和阿剌知院对这场战争带来的后果及也先长期拘留明英宗表示异议，以致各自撤兵，并主动遣使与明和好，使也先处于孤军作战的境地。也先另一重臣伯颜帖木儿特知院更是强烈主张送回明英宗，"复寻旧好"。也先几经与明廷较量，深感从总体上讲，其军事及经济力量尚远不及明廷，面对众志成城的中原军民，逐渐地坚定了送回明英宗、重修旧好的决心，并欲以其妹嫁明英宗，结为姻亲。化干戈为玉帛，恢复"自祖宗以来，和好往来"的传统关系，成为瓦剌上下的强烈愿望。就在这种情况下，也先不得不同意遣使商议送回明英宗之事。明廷大多官员也主张遣使议和迎驾。吏部尚书王直等把议和看作"使华夷之众免于杀戮""转祸为福之机"。明"六军万姓"听说议和将成，"无不喜悦"。

但这时明代宗却贪恋帝位，唯恐其兄返京会失去自己的金銮宝座，并不希望明英亲遣回。经过于谦等人的劝说，并得到"天位已定，宁复有他"的保证后，才同意遣礼部侍郎李实、少卿罗绮、指挥马显等出使瓦剌，但敕书只谈讲和，未提迎驾。

瓦剌首次表达奉还明英宗的求和诚意，是在景泰元年（1450年）五月，然而明英宗真正回到明朝却是在八月。此间曲折，几乎全因明朝内廷矛盾。

围绕迎不迎驾问题，明廷内部意见纷争，明代宗一直也犹豫不决。

景泰元年（1450年）五月，被也先控制的蒙古另一部落首领阿剌知院遣使来京，贡马请和，这实际是也先的一次试探。礼部大臣分析了书简，认为他们所说的"议和罢兵，且奉还上皇"之语确属诚意，遂报告了明代宗，提议"善待"。明代宗听后神色不悦，虽然降玺书厚赐阿剌知院，但也数落了他一番，说"也先狡诈，必不可从。要和的话，须待瓦剌各部北归。不然，朕不惜战也"。面对人家的诚意求和，这种态度反映了他忧虑皇兄回京后自己皇位难保的心理。正是由于他的冷淡，瓦剌使团迟迟不能北返复命。

转眼到了六月，吏部尚书王直上疏："也先遣使请太上皇还京，盖上下神祇阴诱其衷，使之悔悟。伏望皇上许其自新，遣使臣前去审察诚伪。如果至诚，特赐俯纳，奉迎太上皇以归，不复事天临民，陛下但当尽崇奉之礼，庶天伦厚而天眷益隆。"道理讲得够清楚的，明代宗听后酸溜溜地说："卿言甚当。然此大位非我所欲，盖天地祖宗文武群臣之所为也。自大兄蒙尘，朕累遣内外官员赍金帛迎请，也先挟诈不肯听。若又使人往，恐假以送驾为名，羁留我使。率众来犯京畿，愈加苍生之患。卿等更加详之，勿遗后患。"

秋七月，也先以屡次议和不成，又叫知院阿剌修书，遣参政完者脱欢等五人到北京请和。礼部尚书胡濙请求派出使臣迎上皇南归，明代宗不允。

第二天，明代宗御文华殿，召文武群臣谕之说："朝廷因通和坏事，欲与寇绝，而卿屡以为言，何也？"吏部尚书王直回答："太上皇蒙尘，理宜迎复。乞必遣使，勿使有他日悔。"

明代宗听后郁郁不乐："我非贪此位，而卿等强树焉，今复作纷纭何！"

群臣不知何以对答。

于谦从容说道："天位已定，宁复有他。言和者，觊以解目前而得为备耳。"

明代宗的脸色才有好转，说："从汝，从汝。"

这才有李实、罗绮、马显使团偕完者脱欢漠北之行，至于给也先等人的敕书，也只讲议和而不谈奉迎之事。

在李实一行返回北京之前，脱脱不花可汗又遣使臣皮儿马黑麻来京请和，右都御史杨善、中书舍人赵荣、指挥王息、千户汤胤勋慨然请命，组成答谢使团，偕皮儿马黑麻出使瓦剌，明代宗所给敕书仍只是议和一项内容，而不及迎复明英宗之事，也不给杨善等金帛彩缎作为赏赐也先的礼物。还是杨善典卖了家产，又向宦官借贷，购买了大量绮绣之类作为礼物。明英宗之所以能与杨善一道同归，除明朝与瓦剌双方实力消长的因素外，全凭杨善锐健的谈锋和外交上的成功。

杨善一行出塞后，也先派他所亲近的田民迎接使团，且打探明朝情形。二人饮酒帐中，田民对杨善说："我也是中原人，被留于此。去年的土木之役，大明为什么这么不堪一击啊？"

杨善故意说："当时，六师之劲旅悉数南征，而太监王振欲邀太上皇巡幸故里，没有防备，所以导致溃败。虽然你们侥幸而胜，不见得是福。现在南征之士悉数北归，有二十万人马；我朝又招募中外善技击者，共三十万；悉教以神枪、火炮、药弩。总之，国内金城汤池，全民皆兵。当然，现在也没什么用了。"

田民问："为什么说无用了呢？"

杨善答："议和一成，双方言欢，亲若兄弟，而又何用？"

田民将这番对话全部告知也先。其实，这是杨善故意说的，反映了他出色的辞令。

杨善八月初二来到也先老营拜会也先，妙语连珠，也先极其满意。也先问为什么把降低了马价。杨善答："以前，瓦剌入朝使者不过三十人，今多至三千人，我朝无不一一赏赐，连未成年的孩子也有份儿，金帛器服络绎载道，怎么能说赏赐降低了呢？"

也先又问："为什么扣留我们的使者？我听说给我们的锦帛有剪裂的情况，还有尺寸不足的。"

杨善答："帛有剪裂不足，这是经办人员的事，发现这种情况我们会严办。再说，你们所进马也有劣等的，貂皮也有漏洞的，这难道是太师的意思吗？至于使臣，有的犯了奸盗之罪，有的发生意外遇害了，也属正常，朝廷留之何用？"

也先无话可说。又问："太上皇放还，还能再登大宝吗？"

杨善答："天位已定，不会再更改了。"

也先问："古尧舜禅让故事不可再行吗？"

杨善答："古时是尧让位于舜，今日是兄让位于弟，正合古训。"

也先被说得心悦诚服，不得不佩服南朝就是有人才。

平章昂克问："想要迎复太上皇，带来什么厚礼？"

杨善答道："如果我们带厚礼来迎，后人将以为你们贪图厚贿才送归太上皇。今天我什么也没带来，若放太上皇南归，将来写入史册，岂不是千古美名？"

也先认为杨善讲得句句在理，首肯然之。

伯颜帖木儿提议留下杨善一行，再遣使去北京，要求明代宗君臣同意明英宗重新登皇帝位。也先说："从前我们要明朝派大臣来迎，大臣来了不让迎还，是不守信誉。"于是引杨善拜见明英宗，决定送明英宗南归。

连续四天，也先、伯颜帖木儿分别设宴款待明英宗和杨善，杨善彬彬有礼服侍明英宗，不稍有怠，也先感慨大明乃礼仪之邦。八月六

于谦故居内的琴台

日杨善奉明英宗南归，也先率众渠帅送驾半日路程，临别，也先下马解所佩弓箭战裙献太上皇，诸渠帅罗拜挥泪而回。

伯颜帖木儿连送两日，初八至野狐岭小息，伯颜进帐献酒，屏退左右对杨铭说："我们也先太师顺乎天意，敬事皇帝一年了，不敢稍慢。皇帝此来，为天下也，归时还当作皇帝，即我主人，有缓急我可以告诉。"车驾起行，伯颜又送出野狐岭口，明英宗揽辔缓行，与伯颜帖木儿慰藉话别，伯颜痛哭而回，仍命五百骑送驾到京城。

此番南归，明英宗心情复杂，喜悦、忧伤兼而有之。一别年余，重归故国，叫人喜悦；皇位他属，旧梦难温，使人忧伤。离别伯颜南行数里，忽然数十骑人呼马嘶从后追至，明英宗大惊失色，是也先变卦了？他再也不敢向往那千军万马的军旅生涯，更对战俘生活心存疑惧。担惊是多余的，原来是瓦剌人猎得一獐，驰使来献，明英宗受之，使者返回。

南归队伍十一日驻扎万全左卫演武亭，十二日驻宣府南城，十三日驻跸宣府，十四行抵怀来。明英宗修书两封，一给皇太后，一给明代宗、遣中使陈容驰送京城。十五日至唐家岭，繁荣兴盛的北京城放眼可望，金碧辉煌的紫禁城就在足下，但对一个失国之君来说，心潮起落，难以名状。在唐家岭明英宗又遣使回京，诏告文武群臣避位之由。而此时的御弟明代宗心情也不平静，朝堂上正围绕迎驾礼仪展开一场唇枪舌剑。

明英宗南归的消息，最迟杨善在八月九日已遣人快马驰递京城。八月十二日明英宗至宣府南城，明代宗派太常少卿许彬来迎。工部尚书高谷、给事中刘福讲："奉迎上皇礼不宜薄。"礼部连日商议仍悬而未决。千户龚遂荣投书高谷称："太上皇之出，以宗社故，非游猎也。都人闻太上皇还，无不欢喜雀跃，迎复礼宜厚，今上（景帝）亦当避位恳辞，然后复位，否则将贻后世讥笑。"而王文对太上皇回归似大不相信，厉声说："孰以为来耶？黠寇不索金帛，必索土地耳！"礼臣经几番重议提出迎接朝见仪注如下。

一、礼部堂上官一员至龙虎台迎接。

二、锦衣卫差堂上官一员，带领官校执丹陛驾并抬辇轿至居庸关

153

迎接。

三、光禄寺差官牌校尉抬酒饭至龙虎台、清河二处侍候。

四、各衙门官至上城门外迎接，行叩头礼。

五、总督并各营总兵官俱于教场门口迎接，行叩头礼。

六、太上皇车驾从安定门至东安门外，于东上北门南面坐，皇帝出见毕，文武百官行五拜三叩头礼，太上皇由东上南门入南城大内。

明代宗看了这份仪注安排表，批示"虏人谲诈，未全凭信，欲备大礼迎接，恐堕贼计"，因此只准用车马迎接，"待伺真伪之情"。决定居庸关接驾用轿一乘，马二匹，将丹陛驾移到安定门。对这过于从简的仪注，廷臣接受不了，明代宗又不让步。

明代宗对迎复明英宗入城本来就是大不情愿的，更何况还担心明英宗南归将危及自己的至尊地位。幸好待避京外心绪焦躁的明英宗在八月十五递入京城的几封书信缓和了僵持局面，也给明代宗吃了一粒定心丹。

写给文武群臣的避位诏书称："朕以不明，为极奸所误，致陷于虏庭。已尝寓书朕弟嗣皇帝位典神器，奉钦宗祀，此古今制事之宜，皇帝执中之道也。朕今幸赖天地祖宗之灵，母后、皇帝悯念之切，俾虏悔过，送朕还京。郊社宗庙之礼，大事既不可预；国家机务，朕弟惟宜。尔文武群臣务悉心以匡其不逮，以福苍生于无穷。朕到京日，迎接之礼，悉从简略。布告有位，咸体朕怀。"

写给群臣的谕旨说："去年秋，丑虏傲虐，忘恩负义，拘我信使，率众犯边，有窃神器之意。朕不得已亲率六师往问其罪，不意天示谴罚，被留虏中。屡蒙圣母上圣皇太后、皇帝贤弟笃念亲亲之恩，遣人迎取，上赖天地大恩、祖宗洪福，幸得还京。尔文武群臣欲请重以迎接之礼，朕辱国丧师，有玷宗庙，有何面见尔群臣，所请不允。故谕。"

明代宗闻知这二道诏旨，心神稍稳，马上批示道："悉遵行。今言太薄，则讥乎朕。事既行定，不许妄言。钦此。"太上皇做出了让步，群臣只好顺势下了台阶，明代宗也算找到了奉迎从简的依据。

明英宗在八月十五日总算进了北京城。百官迎接于安定门，明英宗乘丹陛驾自东安门入，明代宗出迎拜，明英宗答拜，兄弟相见，仿唐天宝之乱后唐玄宗、唐肃宗禅让之礼，各叙授受之意，逊让良久。自然，这是事先安排好的套路。实际上，在温良恭俭让背后，各有心腹事，皇兄朱祁镇不愿逊位，皇弟朱祁钰防嫌更密，不然何有后来的"夺门之变"。

固定程式都已走过，明英宗被送入南宫的崇质殿。作为太上皇，从此开始了七年寂寥难挨的幽禁生活。

杨善出使干得很漂亮，廷臣都说他有功，应该厚加赏赐。明代宗

155

怎么会认账？明代宗解释说，杨善本身就是搞外事的，怎么能每次出使都赏？但心里却一直怪杨善多事，把太上皇哥哥请回来。杨善仅由右都御史稍迁为左都御史，权力也没大，还是管鸿胪寺的事。杨善当时更衔恨明代宗，后来参与明英宗复辟也不是偶然。

第六章

夺门之变

明代宗过于小家子气，不近人情。

历年每逢明英宗生日和元旦这两个节日，礼部都按例上奏请朝贺太上皇，明代宗一概不予应允。如果允许走一下形式，不仅无损于他的地位，臣民们还会认为他友爱兄弟。屡次不允，结果于明英宗的政治感召力无损，而自己却反而落得个不仁的名声。他废除明英宗之子朱见深的储君之位，更增加了群臣对明英宗的同情。这也为后来的宫廷事变埋下伏笔。

代宗易储

随着地位的渐渐巩固，明代宗易储的心思越来越急切。在"父传子，家天下"的伦理中，若不在身后将皇位传于己之骨血，九泉之下如何瞑目？在他看来，由于不断的限制和封锁，太上皇的影响已越来越小，再难有大的作为，而其子朱见深虽然早早占据了太子之位，毕竟只是一个浑蒙无知的四龄幼童，一纸诏书即可将其废黜。但一想易储毕竟又是一件关系国本的大事，稍有半点差池，势必会引起群臣的抗争和政局的动荡，从而产生意想不到的后果。为慎重起见，明代宗决定旁敲侧击，先行试探一下随侍太监的口风。

一日，明代宗闲坐宫中，似乎是无意中问及司礼太监金英："太子的生日就要到了。"

金英一怔，马上悟出明代宗的心意，立即正色回答："回皇上，太子的生日尚远。"

"七月初二不就是太子的生日吗？"见金英尚未开窍，明代宗进一步挑明。

"皇上大概记错了，太子的生日是十一月初二。"金英立即回答。

原来，明代宗之子朱见济的生日是七月初二，而太子朱见深的生日是十一月初二，明代宗假装糊涂，试探金英的口风，意在由金英挑起易储之议。孰料金英却像成精的狐狸，根本不入明代宗之套。因为金英深知，更易太子本身即已违犯礼法，一旦事败，难逃九族抄斩之祸，是故亦假充糊涂，以伪应伪。

正当明代宗为易储之事愁眉苦脸之际，原广西思明州守备黄竑自狱中发出的一纸奏疏，终于令明代宗紧蹙的眉头舒展开来。明代宗想不到万里之外竟有如此"忠臣"，立即下令释放黄玹，委以重任，并将黄竑的奏疏交于礼部，命礼臣议决。

黄竑原系思明州守备，为谋取知府一职，合谋暗杀了知府全家。事发后，黄竑被捕入狱，对犯罪事实供认不讳，被定为秋后待决之罪。后黄竑风闻明代宗意欲更换太子，不惜变卖家产，打通层层关节，请来一位文章高手，以自己的名义书就"永固国本事"奏疏。

文章大意是："太祖百战而取天下，希望传之万世。当年太上皇轻身御寇，驾陷北塞，逆虏乘势逼临京师，四方震惧，几乎丧失社稷。幸亏有了当今圣上，才转危为安。可见天命在于陛下，陛下之子当立东宫。今陛下即位已逾两年，仍未更易太子，臣恐时日一久，议论妄生，况且如今时俗不古，人心易摇，争夺一萌，祸乱难息。或朝廷欲循前代逊让之美，复全天伦之序，臣恐势有不可者。虽说有皇太后之尊及东宫至亲，不忍遽然更易，然天命岂可逆违？古人有云：天与不取，反受其咎。愿陛下勿以天命转付与人，早易东宫，以定中外之心，绝觊觎之望，天下幸甚。"

礼部尚书胡濙读毕易储奏疏大惊，急召文武大臣议决。群臣相互顾盼，一声不吭，整个大堂死一般沉寂。谁都知道，在这关乎国之根本的大是大非面前，一言不慎，即会招来无穷无尽的后患，轻则讥贻史册，重则祸灭九族！

突然，司礼太监兴安一语打破沉重的死寂："东宫之易，势在必行，各位同意即可签名，不同意就请走开！"

迫于压力，群臣开始陆续签名。最后，群臣联名合奏："陛下膺天明命。中兴邦家，统绪相传，应当归于圣子。如今黄竑所奏，理应允准。"

明代宗大喜，当天即急不可耐地设置东宫官属，令吏部尚书王直、礼部尚书胡濙兼太子太师；文渊阁陈循、兵部尚书于谦等兼任太子太傅；大学士仪铭、王翱等为太子太保；萧镃、王一宁为太子少师。黄竑因首倡易储有功，当即被授予前军都督府都督同知，并赐京师府第，"其子并家人为事系广西狱者俱宥之"。内阁大学士每人赐黄金五十两。司礼太监兴安由此而受到格外宠用。

景泰三年（1452年）五月初二，明代宗正式下诏宣布废皇太子朱见深为沂王，立皇子朱见济为皇太子，随后大赦天下。

令明代宗万万没有想到的是，易储之举却遭到皇后汪氏的当头棒喝："陛下由监国登基，已属幸运，千秋万岁后，应当把皇位还给皇侄。况储位业已确定，早已诏告天下，如何为一己之私而轻易废黜？"

"住口！"汪氏话音未落，明代宗突然青筋暴起，目露凶光，"自身无出，反来饶舌，像你这种满腔妒火的女人，如何配住中宫！"言毕，狠狠瞪了皇后一眼，径往太子的生母杭妃宫中。

皇后汪氏遭此叱喝，顿时心如刀绞，万念俱灰，想不到皇上竟然如此薄情寡义，为了一遂爱妃的心愿，全然不顾夫妻之情。呜呜咽咽哭了一夜后，决定辞去皇后之位。

明代宗闻讯大喜，未等群臣议奏，即下诏废除了汪皇后之位，立爱妃杭氏为皇后。

历经了一番曲折，明代宗终于成功地把自己的骨肉扶到了太子之位上，指望大明天子的宝座从此以后在自己的血胤中万世流传。但万万没有想到的是，这个不争气的高贵而幼小的龙种，混混沌沌在太子宝座上哭闹了仅仅一年，便猝然夭折，一命呜呼了。

明代宗闻此噩耗，痛不欲生，最后将太子葬于西山，谥曰"怀献"。

复储之议

如果说当初明代宗两废两立，群臣慑于皇权的威势而三缄其口，那么，随着朱见济的突然离世，恪守儒家伦理信条、忠于王朝根本的正直之臣，终于看到了一丝难得的黎明。监察御史钟同、礼部郎中章纶决定打破沉默，联手上奏，请复立沂王朱见深为太子，以定国本。

正沉浸在丧子悲恸之中的明代宗，阅毕钟、章二人的奏疏，直气得青筋突突直跳，胡子根根倒竖。时天色已晚，盛怒中的明代宗下令从门缝中传旨，命锦衣卫即刻将二人逮捕下狱。

锦衣卫的校尉对钟、章二人用尽了各种酷刑，诱逼他们供出幕后的主使，以及与南宫勾结的阴谋，但二人均称意由己出，无他人授意。明代宗大怒，命取巨杖，每人一百下。钟同惨死杖下，章纶死而复苏，继续监禁。

不久，南京太常寺少卿廖庄又遥上奏章，请明代宗善待太上皇，立沂王为太子，复汪后于中宫。明代宗阅罢奏章，差点气个半死，命将廖庄杖责八十，贬为定羌驿丞。

连续重拳处置了几个复储之议的祸首后，再无人敢对皇家的事务指指点点，自后夹起尾巴做人，对建储二字避之不及。明代宗也认为自己年纪尚轻，后宫佳丽如云，不信生不出一子半嗣。是故退朝之后，多沉溺于后宫，在花香国中尽情游戏。

于谦、王直、胡濙等大僚自始至终经历了复储事件，可这些人都没有吭气。既没有替钟同、章纶辩护，也没有说二人不对。

还是在钟同与章纶刚下狱时，有一位叫杨集的进士曾给于谦写过一封私人信件。信中说："奸人黄竑献议易储，不过为逃死计耳，公等竟成之。公国家柱石，独不思所以善后乎？今同、纶等又下狱矣，脱诸人死杖下，而公等坐享崇高，如清议何？"

正史只记杨集为常熟人，其他情况则不明。虽然他的信对于谦有些指责，但他显然很敬重于谦，也看好于谦，以为那个时候只有于谦出来说话，明代宗才能听，才能影响时局的走向。杨集的信大概也代表了当时的舆论倾向，即人们希望重量级的大臣出来劝阻明代宗，不要这样一意孤行。遗憾的是，于谦等人都没有试图谏阻明代宗。杨集的信让于谦有些触动，有些犹豫。于谦便拿了杨集的信给王文看。

王文是一心谄媚明代宗的人，不可能劝于谦出来谏阻明代宗，王文看了看杨集的信说，书生不知天高地厚，不了解形势的险峻。不过这人有胆略，也难能可贵，应该给他进一级。作为普通进士，破格安排，让他当了安州的知州。

从这件事上不难看出，于谦并不赞成明代宗的做法，也知道自己应该怎么做，可是他没有那么做。于谦对明代宗没有任何规谏有损于他的声望。从某种程度上说，这也是构成他人生悲剧的诸多原因之一，至少为他的政敌提供了置他于死地的口实。

杖死钟同，长囚章纶，廖庄和徐正被赶到极边去，朝中的大小臣僚一时摸不清明代宗的葫芦里到底卖的什么药，既不敢再言复储，也没人敢言对明英宗和沂王采取什么措施，储位的事又这样糊里糊涂地搁置下来。这是景泰六年（1455年）的事。

到第二年，景泰一朝已显出王朝末日景象。

年初，刚到元宵节，刚当四年皇后的杭氏受了"风寒"，起初是寒热交侵，嗣后渐成重症，遂成不治，到仲春时节，便一命呜呼了。要问是什么病，不光现在人说不清楚，就是当时的太医院医生也没有人能说清楚。让他们说，当然能说一番寒火虚实之类，但这说了等于没说。这些人的死因报告远不及民间百姓那样求实而便捷。太子的死对明代宗是个沉重打击；现在太子的生母、他宠爱的皇后又死了，明代宗在精神上与心理上的挫折以及由此产生的苦闷与孤独感是可以想象的。

那时没有心理医生，明代宗的排遣方式就是寄兴于玩乐和沉湎于

于谦手迹

女色。

当初的午朝早已取消，明代宗又开始了他的龙舟生涯。龙舟不仅越造越大，越造越多，而且装饰、用料越来越讲究，越来越奢华。明代宗还命人给他造了"燕室"。这种燕室是做什么用的？从字面上说，"燕"可以指燕乐、娱乐，也可以指一种宫廷音乐，还可以解作安闲、安适。燕室就是娱乐休闲的地方吧。应该说，在明朝的十几个皇帝中，明代宗还不算是耽于游乐的，只是比起他前辈来稍显突出。

为明代宗这些近于奢靡的事，御史倪敬曾联合另外五名御史上疏景帝，予以谏阻。奏章上说："府库之财，不宜无故而予；游观之事，不宜非时而行……近闻造龙舟，做燕室，营缮日增，嬉游不少，非所以养圣躬也。"奏章也提到了钟同、章纶的事。明代宗览奏不大高兴，批给礼部讨论处理。礼部上报说，这些年轻御史的用意都是出于对皇上的忠诚与爱护，没有别的意思。明代宗也没再说什么，但对这六个言官还是耿耿于怀。不久，明代宗命都御史萧维祯对他的部属进行全面考核，借考核之机把这几个人赶走。萧维祯是个唯唯诺诺的官僚，便以不称职为由，把倪敬等六人都赶到边远地区的县里当典史去了。

在女色方面，明代宗也多少有点不利的舆论。

江南有个娼女叫李惜儿，后来流转到京师。因这女子姿容妖艳，色艺双绝，很快便名满京华了。都下的纨绔狎邪子弟，一时趋之若鹜。这些人私下评选京师名妓，叫列"花榜"。李惜儿被视为牡丹花，娇媚艳丽，天姿国色，花中之王。明代宗听说了李惜儿之后，便令内宫召入禁中。明代宗一见，果然不同凡响，当下就留在宫中"侍寝"了。这李惜儿久历烟花，承欢枕席，自有些后宫本分女子未曾听说的床笫招法。明代宗殊觉新鲜刺激，畅快异常，从此便留在宫里，倍受恩遇。不过，肉体上的欢娱难以维持很久。李惜儿因宠而生骄，少不了要名分，要地位。又因骄而生悍，忘记了皇宫的规矩，视明代宗为一般买花郎。明代宗把李惜儿召入宫中，不过是为了调节与尝鲜，跟他派人去采野菜是一个道理，要让他给妓女什么名分是不可能的。对普通男人来说，对女性专一自然是一种美德。可对明代宗来说，专一无疑是一种缺失。他有责任、有义务遍撒雨露，恩幸三千。

如果说明代宗改造不了李惜儿这匹风尘野马，那么李惜儿也同样改造不了明代宗这匹明宫龙种。经过几番碰撞，明代宗还是把李惜儿赶出宫去了。

杭皇后死后，后宫虽有众多妃嫔，但明代宗都看不上眼，打不起精神，兴奋不起来，便下旨再采选秀女。也是上天不负下功夫之人，终于找到了一位，这就是唐妃。据说这个唐妃体态轻盈，袅娜如弱柳，婉轻如燕莺，性情容止，都恰到好处，实为绝代佳人。明代宗一见，欣喜异常，好像梦里已寻她千百度，如今才一朝到手。春风一度，欢娱无限，封为唐妃。过了几个月，又晋封为皇贵妃，地位仅次于皇后了，承欢宴游，明代宗一时都离不开。明代宗每次去划龙舟，都要让唐贵妃坐在龙舟上；每次去西苑游玩，都要唐贵妃骑马相伴。唐贵妃虽说性情容止恰到好处，但不一定马术也恰到好处。一次马惊了，不小心掉下马来，随侍太监倒了大霉，被打个半死。明代宗又命中官刘茂别选良骏，仔细控习，务求万无一失，随时待命。

明代宗发现唐贵妃爱花，又下令扩建御花房，搜罗全国各省奇花异葩放置其中，内设琼室，不仅可以赏花，两人还可以在里面居住。一个风流天子，一个倾国佳人，美景良宵，把酒言欢，看花似人，看人似花，好不乐煞人也。由此看来，"三千宠爱在一身"绝非恣意夸张，也绝非只出在唐玄宗身上。

可正像俗话说的，"好花易谢，好梦难长"。到了景泰八年（1457年）的大年初一，接受完群臣的正旦朝贺，明代宗忽然觉得龙体违和，竟然病倒了。

明代宗到底得了什么病？史料不详。

明代宗一病，本来就潜伏着的储位问题马上又浮出水面。

天坛祁年殿

如果说在当初易储时于谦是勉强默认的，那么此时于谦的态度还是明朗的。他邀集了一批大臣联名上疏，要求早立东宫太子，虽然没说出沂王的名，但那用意还是清楚的，因为除了沂王别无他人。

皇帝得病后，朝中百官每天都到宫门去问安。这一天，百官又到左顺门去问安，太监兴安神色凝重，除了照例传明代宗的话，说皇上是偶有寒疾，不必过虑，各自安于职守，为皇上分忧之类外，另外又加了一句话："公等皆朝廷股肱，不能为社稷计，徒日日问安，又有何益处？"

回到朝房，百官就开始议论兴安说的话是什么意思，"不能为社稷计"应该指的是什么，以及如何才算"为社稷计"。有人说，这不过是兴安信口所言，不一定是皇上的意思，不必太在意。有的说，不，即使皇上没说，兴安所传达的也是皇上的心思。如今"为社稷计"莫大于立储，建储的事应该立即提到议事日程了。

中国人有优秀的诠释传统。圣人立言，皇帝发令，都是三言五语，有时甚至是几个字，故意没头没脑，没有语境，没有对象，让你像破译密码一样去破译。不同的是密码只有一解，而对圣人和皇上的话，不同人却可以有不同的诠释，于是他们之间便展开了严肃而神圣的论战。古代圣人也罢了，他们早已作古，没办法向他们本人请教，而皇帝就在那里，何必猜来猜去，问一下不就行了吗？不行。当臣子的最高境界是"心领神会"，对皇上的一举一动，一笑一颦，都能体会出深意来才行。你总让圣上把话说得明明白白，不骂你蠢猪，把你赶走才怪哩。帝王们所追求的正是这种神秘性，不确定性，歧义性，物理学和政治学上都叫弹性，为自己留下耍赖和委过于人的空间。听了兴安的话，这些大小官员，士林精英，不去问兴安，也不去问景帝，就是在朝房里猜度，比赛谁猜得准。争论的结果，还是"社稷即建储"论占了上风。

好吧，社稷即建储，简单点说，就说让谁来当皇太子吧。

在这个问题上又发生了争议。都御史萧维祯和他手下的一批御史都主张恢复沂王的太子地位，说这样对方方面面都好，大家应该联合上奏，请皇上批准。对此内阁的各位学士不以为然。萧镃说，沂王既然已经退出东宫了，就不宜再立了。这时王文已成为内阁的活跃人物，他知道明代宗不喜欢沂王，但说话时留有余地，主张只上言立储，至于立谁，还是让皇上去决定好了。当时萧维祯是联合奏章的执笔人。为了统一双方意见，便不提沂王，并把"早建元良"改为"早择元良"。

奏章上去后，太监传出话来："朕偶有风寒，当于十七日临朝。所请之事无须再议。"

这道旨意又把百官打到闷葫芦里去了，看来病中的明代宗无意解决皇太子问题。人们对兴安的话诠释了一大阵子，到头来闹个白搭工，白玩！

按明朝的惯例，每年正月，皇帝都要亲自到城南的天坛去大祭天地，祈祷丰收。明代宗虽在病中，但农业社会中粮食丰收还是天大的事，他坚持要亲自去。什么时候去呢？什么时候祭祀什么时候去呗。

不行。祭天是件很严肃的事，在祭祀种类里属于大祭，不能马虎。按规定，主祭皇帝要提前三天到斋宫，就是天坛附近的一处皇帝专用房。要在那里沐浴，斋戒，清心，远离女色，以此来表示对天的虔敬。明代宗带着病，乘车来到天坛斋宫。明代宗决定入住斋宫，说明那时他的自我感觉还行，至少认为到时候还能行礼，或者以为过两三天能好起来，不然他是不会出乾清宫的。但正因入住斋宫，加速了他的灭亡。

明代宗入住斋宫后，病反倒重起来，看来要亲自祭天是不可能的了。按祭礼规定，皇帝因事因病不能亲自主祭，可以委托勋臣代祭。代祭的勋臣不进斋宫，但也须提前三天斋戒、沐浴，因此必须提前告诉给代祭人才行。不知出于何种考虑，明代宗想到了武清侯石亨，也许石亨是经他手封的最高武臣，明代宗对他极信赖。于是便召石亨入见。

自从传出有病，包括石亨在内的文武百官都没见过明代宗。百官去问安时都由太监传话，只说偶感寒疾，谁也不知道寒疾到什么程度，都以为明代宗正在英年，有点病也没什么大事。这次石亨到病榻前受命才亲眼看到了病中的明代宗。只见明代宗面色青黄，没有一点年轻人的光泽，两腮及眼窝都深深塌陷下去，颧骨高高凸起，呼吸急促，说话没有一点底气，软如毛絮，细若游丝。石亨虽不是医生，说不出明代宗得的是什么病，但凭经验，人一病到这个地步，就没几天的活头了。这一天是正月十三。

明代宗病危。这可是天大的机密！这个信息像火种，立刻点燃了石亨野心的干柴；或者像个打气筒，使石亨本来已经压瘪的个人欲望猛然膨胀起来。石亨从斋宫出来，回到十团营指挥部，便找来监军太监曹吉祥和都督张轨。这个张轨当年曾率军平息苗族人的叛乱，因作战不力，受过于谦的参劾，奉调回京，降职使用，在石亨手下管理十团营。此时已经跟石亨、曹吉祥结成一个反现实的团伙。

石亨先卖个关子，问曹吉祥、张轨道："公等欲得赏乎？"

二人见石亨如此诡秘而又兴高采烈，不知道他何出此言，便催他快说。

石亨又问道："今上病在不豫，何人可承大位？"

曹吉祥道："当立沂王为皇太子。"

石亨道："沂王正当幼冲，未足十岁。何如拥南宫上皇复位？"

都督张轨一听，眼前豁然一亮道："如此我等皆功在宗社矣！"

曹吉祥还是更老到些："此成则公侯，败则族诛。如此大事，还须谋于高士。"

张轨道："今太常卿许彬见知于上皇，可否共商？"

石亨和曹吉祥都点头称善。

夺门之变

　　明英宗南归后，明代宗将他幽禁于南宫。天无二日，国无二主，对于明代宗来说，这是为了稳定自己的地位而不得已采取的措施。他朱祁钰之所以能登帝位，只是因为在国家最需要君主的时候，他的哥哥朱祁镇去做俘虏了。况且明英宗安然归来后，仍未失去政治上的感召力。在儒臣们看来，太上皇虽只是一个虚名，但名义上景帝和他的臣子们仍是明英宗的臣属，所以在礼仪上应该体现这一点。明英宗回京时，礼部建议明代宗和群臣行重礼朝见，虽然在实际上礼仪不是那么周备，但仪式还是举行了。

　　景泰元年（1450年）十一月十一日是明英宗二十三周岁的生日，礼部请让群臣诣延安门行朝贺礼，明代宗命免行。岁末，礼部尚书胡濙又上奏请明年元旦文武群臣在给明代宗行庆贺礼毕后，即诣延安门朝贺太上皇，行五拜三叩头礼，明代宗命免行。后来，历年每逢明英宗生日和元旦这两个节日，礼部都按例上奏请朝贺太上皇，明代宗一概不予应允。

　　明代宗过于小家子气，不近人情。他如果允许走一下形式，不仅无损于他的地位，臣民们还会认为他友爱兄弟。屡次不允，结果于明英宗的政治感召力无损，而自己却反而落得个不仁的名声。这大概是根源于皇权的极强独占性。一个活着的太上皇就在自己身边，而自己的臣下也要对他称臣，这岂不是对自己权威的一种挑战？明代宗既无意禅让，又不像宋高宗那样让他的父兄客死异国他乡，而是让明英宗当着太上皇，因此，为了稳固自己的地位，也不得不防患于未然。

南宫即延安宫，因在紫禁城的东南角上，习惯上称为南宫。它也有首门、二门以及两掖门，二门内亦有前后殿，"具体而微，旁有两庑"，只是与紫禁城相比要小得多了。但作为明英宗的日常起居之处，并非不敷用。据说，明代宗对明英宗看得很严，留给他的侍卫很少，即使是日常的饮食都是从一个小窗递送进去，有时还有断顿的情况。顾虑到南宫可能与外面联络，纸笔给得也很少。为了补充明英宗一家的伙食，钱皇后不得不日夜做些针线活，制作一些刺绣品出售，以换取必要的食品，有时是靠娘家接济一点。南宫的树石很多也被移去建隆福寺，不过剩下的还不少。景泰六年（1455年）夏，有个叫高平的太监对明代宗说："南城树木多，恐生叵测，请尽数砍伐。"时值盛暑，明英宗正指望那些参天的大树能给他带来些荫凉，突然见树木被伐，颇为惊诧。

明代宗对明英宗不得不时刻提防，嫌隙易老，而那些企图投机取巧谋取官禄的奸佞者，便借端生事，为自己青云直上铺路。御用监少监阮浪侍明英宗于南宫，明英宗送给他一个镶金绣袋和一把镀金刀。阮浪又将它们转赠给其门下皇城使王瑶。锦衣卫指挥庐忠见王瑶的袋、刀不一般，便用酒将他灌醉，窃取其袋、刀，告尚衣监太监高平。高平即令校尉李善上告明代宗，说阮浪密奉太上皇之命，以袋、刀潜结王瑶，谋复帝位。明代宗怒，命将阮浪、王瑶逮下诏狱审讯，令庐忠作证。庐忠不知此事是福是祸，便到一个叫全寅的算命先生那里求问吉凶。全寅听了事情原委，用术士的口气给他讲了一套君臣大义的道理，令庐忠深为折服，又说："此大凶兆，死不足赎。"庐忠惧，便装疯病以冀免祸。内阁学士商辂、司礼太监王诚对明代宗说："庐忠患有疯病，他的话不足凭信。陛下不宜听妄言伤大伦。"明代宗的怒火才稍为平息，将庐忠也关进诏狱拷讯，处以其他罪名，谪广西立功。在审讯中，王瑶、阮浪始终也未招认明英宗有谋复帝位的意图和迹象，最后王瑶被磔死，阮浪仍系诏狱中，不久瘐死。明英宗复辟后，认为阮浪为己受祸，追赠他为太监，并命儒臣立碑作纪。庐忠、高平被从广西逮捕回京磔死。

明代宗虽然不得不防备明英宗的复辟，但他并不想对其兄做得太为过分。有位名叫徐正的刑科给事中，处心积虑，希望能有机会得到皇上的赏识，从而平步青云。朱见济死后的景泰五年（1454年）七月，他与军余汪祥请密奏言事，明代宗立即单独召见。徐正对明代

于谦

紫禁城乾清宫

宗说："太上皇临御日久，威德在人，沂王尝位储副，为天下臣民所仰戴，不宜居于南宫，宜迁置所封之地以绝人望，别选宗室亲王之子育于宫中。"不料明代宗听罢先是惊愕，然后大怒，指着徐正连说："当死！当死！"当即将他呵斥出宫。欲明正其罪，又虑骇众，于是命将他调为云南临安卫经历。但明代宗余怒未消，暗中派人跟踪徐正，获得他滞留所恋淫妇家迟迟不出京城的消息，便据此将他逮捕下狱，审讯定罪，充军辽东铁岭卫。

正因为明代宗并不想对其兄做得太过分，所以明英宗在南宫还能与自己的后妃儿女在一起，尽享天伦之乐。明英宗在南宫得了三个儿子，他们分别是高淑妃所生的五子朱见澍，周太后所生的六子朱见泽，万宸妃所生的七子朱见浚。至于生了几个公主，就不得而知了。

明代宗急于得到太子，整天忙于女色之中。但是他忙得不得法，当时也无人加以明智的指导，结果是欲速不达，不但未得龙子，自己的身体也给弄坏了。景泰七年（1456年）十二月三十日，享太庙，遣太子太师武清侯石亨代行礼。景泰八年（1457年）元旦，明代宗着皮弁服御奉天殿，百官们按朔望礼朝见。初六是孟春，又要到太庙去祭祀列祖列宗。明代宗只好让石亨代行了。十三日还要在南郊大祀天地。祀天地属于大祀礼，并且是大祀礼中的第一祀礼，皇帝如果没有十分特殊的原因，是应该亲自主行的。因为皇帝是天子，是秉承天命来治理国家的，而且新年大祀天地也是为万民祈福，此礼不得不重。明代宗也是一个要强的人，初九，他勉强支持病体临御奉天殿，誓戒文武，大臣致斋三天。十二日，他又强支病体出宿于南郊的斋宫，并传旨，明日将亲行郊礼。十三日，明代宗病情转重，开始咯血，于是又不得不召武清侯石亨来到卧榻前，授命摄行祀事。石亨亲眼看到明代宗的病况，估计皇上必将一病不起，心中暗自高兴。

大祀天地完毕，明代宗又勉御奉天殿，命文武百官免行庆成礼。次日的庆成宴也免了。听说明代宗咯血，于谦甚为忧虑，遂请入见问安。明代宗将他召到御榻前，说："朕自登极以来，谨守祖宗家法。

昨天郊祀日期，朕蒙祖宗暗中护佑，身体转安，欲亲行祀典，不觉反而复受劳累呕血。"于谦伏奏道："陛下圣寿无疆，还宜保重。且陛下敬天法祖，天必默佑圣体自获平安。"明代宗说："若如此，至后天，朕当视朝了。"于谦便告别景帝出宫。

当时在京各衙门的官员纷纷前去左顺门问安，都察院友都御史萧维桢与左副都御史徐有贞也率僚属前往。太监兴安问道："你们都是些什么官？"萧维桢说："我们是都御史，六科、十三道给事中御史，五府六部的堂上官。圣体不宁，谨来问安。"兴安以手作十字形，意思是说明代宗病得很重，在世时间不过十天了。兴安又说道："诸公都是朝廷的股肱耳目，不能为社稷计谋。徒日日问安，有何益处？"闻言，萧维桢率僚属惶惧而退。

他们回都察院后，即商量如何向明代宗提出立储的建议。

十三日，石亨摄行大祀天地礼，见明代宗病重，便意识到千载难逢的机会已经来到了。他记得早年与其侄石彪在酒肆狂饮时，一相面者见他们叔侄俩的面相，甚为惊奇，说："当今承平之世，二人为何有封侯相？"自己已封侯，可石彪尚未得封，现在岂不是天命有意眷顾石家？当日群臣会议结束，他即与都督张轨、左都御史杨善、太监曹吉祥秘密谋划。石亨说："复立东宫，不如请太上皇复位，可以建立功业。"张、曹、杨等人十分赞同，并秘密地与南宫接了头。但如何来实现这个阴谋，他们心里没底。于是前去叩问素以谋略著称的太常卿许彬。许彬说："这是不世的功勋。彬老了，没有能力了。徐有贞善奇策，何不去与他商谋商谋？"

我们还是说说徐有贞吧。

徐有贞，字元玉，初名珵，吴人。宣德八年（1433年）进士。选庶吉士，授编修。为人短小精悍，多智数，喜功名。他喜欢研究阴阳方术之书，也可以说他是个"徐半仙"式的人物。自从主议南迁被人讪笑后，名声大坏，致使多年未得晋升。懊丧之余，他转而大肆奉承阁臣陈循，又通过收买于谦的门生，求于谦为他在明代宗面前美言和推荐，意欲担任国子监祭酒。明代宗听说是徐有贞，便鄙夷地说："就是那个建议南迁的徐有贞吗？此人心术不正，任国字监祭酒之职岂不败坏了诸生的心术！"后来，徐有贞在陈循的劝说下，将名字改为徐有贞。

景泰三年（1452年），徐有贞升为右谕德，好不容易从六品升为五品。当时，黄河在沙湾一段决口已有七年，一直治理不好。群臣一致推荐徐有贞治河。于是，他被擢为左佥都御史，负责治河大计。经过对实地详细的勘察，他提出了置水闸、开支流、疏通运河三条措施，并积极组织大量民工，亲自督率工程建设，终于消除了水患。徐有贞因治河有功，被进为左副都御史。

第六章

夺门之变

徐有贞因治河获得名声，竟然是个水利专家。但这并非他的最终追求。

正月十四日夜，石亨等人会聚于徐有贞家。徐有贞得知石亨等人的意图，大喜过望。他说："过去太上皇出狩，不是因为贪图游幸畋猎，而是为了国家的利益，况且太上皇深得天下万民的爱戴。当今放着现成的天子不问，而乃纷纷外求，为何呢？"为了坚定石亨的决心，他又诡秘地说，"石兄没有听到外面盛传于谦、王文已经派人前去迎立襄王世子吗？机不可失，时不再来，万一于、王二人据有拥戴之功，石兄、诸公和小弟何处容身？"石亨等人连连称是。徐有贞又问道："诸公所谋，南城知道吗？"石亨回答："已秘密通知了。"徐有贞说："必须得到确切的回信才能行动。"然后，他们又商量了具体的行动计划。于谦的副手、协赞操督右都御史罗通说："皇上今日诏中说待十七日早朝，这是个好机会。那日早朝时，石兄、张兄、吉祥兄和我领兵混同守御官军进南城迎太上皇出宫，夺门入登宝位。"石亨喜形于色，说："只在三日内行之。"他们又仔细商量了一下行动计划，详情不得而知。徐有贞最后又令曹吉祥密告孙太后，取得她的允准。因为在皇位更迭时，皇太后对于皇位继承人的选定具有权威性。孙太后（上圣皇太后）表示赞同。

石亨、徐有贞等人正在紧锣密鼓地密谋迎立明英宗复辟，而于谦

却未采取任何防变措施，而是仍与大臣们一起劝请明代宗复立沂王。礼部尚书胡濙等人又出面串联各部院官员，计划于十七日早朝时合辞恳请复立东宫。十六日，群臣聚于礼部，大学士商辂主笔起草奏稿，其中说："皇上为宣宗章皇帝之子，当立宣宗章皇帝之孙正位东宫，助理庶政。"稿成，大家一致通过，然后誊录正本，挨个签名，到太阳西斜才结束。当日先呈送皇上知道，待明日早朝再面奏恳请。天色已晚，官员们各自散去。

这天夜里，石亨等人又聚会于徐有贞的家中。一切已部署停当。对于徐、石等人来说，这是一个绝好的时机，也是必须行动的时候了。明代宗曾许诺明日临朝，如果再迟疑不决，一切将付诸东流。如果事机泄露，则可能人头落地，功未成便先为鬼了。如果明代宗寿终正寝，于谦等人或拥立沂王，或请太上皇复位，他们又怎能独揽拥戴之功，权宠在己呢？而且群臣午夜以后必定待漏阙下，等待朝参，这样就十分容易让政敌束手就擒。石亨对徐有贞说："南宫已回信，具体如何行动？"徐有贞于是登上屋顶，观察天象，好不神秘。稍后，他返回地面，说道："时机已到，不可失。"便焚香祝天，与家人诀别说："事成，社稷之福；不成，家族之祸。归，人；不归，鬼。"

当年土木之变时徐有贞观过星，结果是数年间成为笑柄。此次观星其实也是故弄玄虚，一是为同伙们打打气，二是想向人们证明，他的观星术并不是无稽之谈，为自己正一正名。对这次复辟活动能否成功，他心里也没底。出门之前，徐有贞让人们在前厅稍候，一个人回到后堂，焚香叩头，对上天默祷一番，然后才与妻儿诀别道："予此去，事成则功在社稷，举家共享富贵；事败则祸必杀身，我等相会于黄泉之路矣。"

听他这番话，家里人哪肯让他走？老婆孩子牵衣顿足，都说别去了，咱官不算太大，可也不小了；家不算富豪，可也够用了。为什么非要冒那个险呢？徐有贞很恼火："妇人短见，孺子无知，尔等安知丈夫之志？吾尚未弃市，何为涕泣？"说罢一甩袖子走了。就这样，妻子儿女作为赌注全押上去了。

石亨等人出来，又约上早就串联好的左都御史杨善、当年征麓川的大将王骥和兵部郎中陈汝言等，按计划先将京师九门的钥匙全部收上来，以防城外驻军入援。他们又将早已精选出的一千名亲信军校调到皇城附近，随时准备进入皇宫。

此时，于谦正在为第二天的早朝做准备。明代宗虽然有话不要议论立储的事，但现在看来，这件事已经到了非解决不可的时候了。不管从法理上说，还是从人望上说，东宫的位子也是非沂王莫属。他决心为此向明代宗力谏。这位军务总督，在国家安危问题上，他是敏锐的；在对付数十万瓦剌兵的时候，他是叱咤风云、足智多谋的。而在自身安危方面，他却显得这般粗心大意和麻木迟钝，几个阴谋家和区区千把人就将他送上了祭坛。

到了四更时分，石亨手下的一千名军校骗开长安门，拥入皇宫。值班的守门卫兵不知发生了什么事，起初不肯放兵进入。石亨挺身喝道："顷接边报，有寇贼欲犯京师。为防不测，有旨选京营精壮入卫，尔等谁敢阻拦！"

这些守门的锦衣卫军卒大都认识石亨，他那长过肚皮的大胡子就是通行证。听石亨这么说，正犹豫间，石亨的兵已经冲进门了。

徐有贞把长安门重新上锁，又把大门的钥匙要过来，随手扔进冰窟窿里道："此门不开，大事可成；内外夹攻，我等大势去矣。"

现在徐有贞们已经在紫禁城里占有人力优势，但明英宗此时还在南宫。目前他们要做的事只剩下一件，就是把明英宗从南宫里搬出来，让他坐在奉天殿里的龙椅上。

徐有贞留下一些人守住皇宫，自己带了数百人来到南宫。守卫南宫的卫兵并不多，但是南宫的大门被锁死了，千呼万唤，里面没有答应。徐有贞感到事不宜迟，便让众人举起巨木撞门。南宫的大门还真质量一流，门没撞破，把门墙给震塌了。众人便从墙豁挤进去，谒见明英宗。后来就把这次撞开南宫门的举动简称为"夺门"。

明英宗早就得到了当晚举事的信息，因为放心不下，一夜没睡。

徐有贞等闯过去的时候明英宗正在灯下读书。

众人伏地叩头，高呼万岁。接着便抬过一顶轿子，有抬的，有扶的，有开路的，过了几重门，一路冲向奉天殿。

经过这么一番折腾，残夜退尽，天色微明，已是正月十七的早晨了。

明代宗早就有旨，正月十七有早朝。宫里的锦衣卫和守门太监早早就把宫门打开了，等着百官上朝，谁能想到明代宗已经病得爬不起来，他南宫里的哥哥乘虚而入。这些人拥着明英宗过了几道门，竟没有遇到阻拦。直到了东华门，才被门卫挡驾，喝令众人止步。

这时该明英宗表演了。明英宗撩起轿帘，厉声道："朕乃太上皇，有机务入宫。"

守门的都是老宫人，凑到跟前一看，果然是明英宗，于是也就放行了。

进了东华门，就来到了奉天殿。这时奉天殿外早已站好了锦衣仪仗。这些仪仗兵倒还清醒，一见上殿的不是明代宗皇帝，而是关在南宫的太上皇，而且在轿子前站立的是徐有贞，就知道发生了什么事，便挥起手里的金瓜镗戟，击打徐有贞。一来这些兵器是摆样子的，木头把老长，根本用不上；二来明英宗又出来叱责，让他们住手，他们也摸不清底细；三来京营的兵个个顶盔亮甲，已来到殿前，寡不敌众，只好放弃抵抗。

于谦

明英宗进了奉天殿，众人就像摆道具一般，从墙角拖出明英宗当年坐过的龙椅，推到正中，让明英宗匆匆忙忙坐了上去。这时早朝的钟鼓声响了起来。

前来参加早朝的百官虽然早就到了，但按规矩都要先在朝房里等着，听见早朝开始的钟鼓声之后才进奉天殿。不过朝房离奉天殿不远，人们似乎听见奉天殿里有往常所没有的聒噪声与呵斥声，不禁有些惊愕。

正在这时，但见一个短小精悍的身影从奉天殿走出来，大声吆喝："太上皇今已复位，百官进谒！"

徐有贞这一声喊把百官惊得直发愣：太上皇怎么复位了？当今皇上怎么了？驾崩了？没听说。太上皇复位了，当今皇上往哪儿搁？太上皇复位的事怎么就没听提起过？皇上有旨吗……百官心里都在问，都在猜疑，这疑问是符合逻辑的，合乎理性的，但他们的脚却是下意识地，习惯性地，一步步地往奉天殿里走。他们习惯于接受事实。与其说接受另一个皇帝，不如说接受另一个坐在奉天殿中央的人，不管他是谁，是明代宗是明英宗还是前太子朱见深，或者别的什么人。这就像拜佛：只要把佛立在须弥座上，徒众们就会拜下去，不必管它是金是银是铜还是石头木头泥土，也不必多问是谁立的，工艺如何以及雕塑风格之类。如果真有人问一下，似乎倒有失虔诚。皇权崇拜，偶

第六章

夺门之变

185

像崇拜，拜佛效应，这就是封建社会的本质特征之一。反过来说，一个社会，不管它冠以什么名号，只要具有上述特征，就说明它还没走完封建社会的进化过程。

百官一到奉天殿，仍然像往常一样各整衣冠，按序排班，然后再听鸿胪官的口令，依次跪伏在地，三呼"万岁"。

这一套程序，跟数天前明代宗的早朝是一样的。可是皇帝却轻而易举地换人了。唯一的狼狈相出在明英宗身上。半个时辰前被匆匆推上轿子时，他没有穿戴皇帝的冠服，总显得不那么威严，不那么庄重，甚至让人窥见奉天殿里的这把椅子是匆忙抢到手的。

明英宗没什么话说，所发布的第一道敕令就是命徐有贞即日入阁，参与机务。

徐有贞也不含糊，当即用内阁首辅的派头宣布，当天正午举行明英宗即位的正式大典，百官换朝礼服入贺。

中午，午门外准备了大朝仪，奉天殿里骤然被染成喜庆色彩，明英宗戴上皇帝冠冕，顿时焕然一新，接受百官朝贺。

此时如果转换一下镜头，就会看到病中的明代宗独卧斋宫，气喘不已。于谦此时也在朝班内。直到这时，他还不明白怎么会出现这样一个局面。但凭历史的经验，他已经从这喜气洋洋的气氛后感受到了杀机。

徐有贞当廷宣读了明英宗给百官的谕旨，大意是：当年土木堡战败后，本来已确立了太子和监国的格局。不料监国野心膨胀，竟然窃踞皇位，还更换了太子，立自己的儿子为太子。无奈老天报应，他的儿子死了，自己也气息奄奄了。如今太子年幼，臣民都拥护我，皇帝还是让我来当吧。你们这些大小臣工，不要有三心二意，好好干。

果然，徐有贞刚宣读完，另一份诏旨又当廷宣布了：立逮少保于谦，大学士王文、陈循、萧鎡、商辂以及尚书俞士悦、江渊和都督范广等下诏狱。这些人都在朝班，不由辩白，当即像捉鸡一样，一个个拿下，关到锦衣卫的监狱里去了。

第六章

夺门之变

187

第七章

无言的结局

史称于谦被害时，『行路嗟叹，天下冤之』。当如狼似虎的锦衣卫奉命查抄于谦家产时，发现这位太子少保兼兵部尚书却家无余资，四壁萧然，只有一摞一摞的兵书。一向铁石心肠的锦衣卫官员，也禁不住潸然泪下，呜咽失声。

于谦含恨归西后，其尸体一直裸露街头，无人敢于收尸。都督同知陈逵为于谦忠义所感召，冒险收拾了于谦的遗骸，暂厝于西山。次年，于谦的女婿从南方千里迢迢赶来，将其灵柩运回故乡杭州，安葬于西湖边的青山之上，与岳飞的墓地相距不远。

于谦被诛

负责审理于谦等人案件的是徐有贞，他的助手是都御史萧维祯。

封建社会常常是一朝天子一朝臣，明英宗夺取皇位后，黜罢前朝大臣应该是在人们意料之中的事。但是，像于谦这样的重臣，有大功于国家，本人既没有赃私枉法，又没有谋逆造反，可以降职使用，也可以闲置不用，却绝没有死罪。对于这一点，于谦心里有数，徐有贞心里也清楚。可是，徐有贞心里更清楚：于谦的存在不符合他的最大利益。以功劳、人品、才干论，他跟于谦无法相比。于谦今天被贬下去，明天还会再上来。他当朝一把的位子怎么能坐得稳？再说，不杀于谦，他与石亨等人拥戴明英宗复辟的功劳也会受到世人的质疑。人们会问：明代宗病重时群臣就上章要求恢复沂王的储位，明代宗驾崩后大位本来就是沂王或明英宗的，你徐有贞等折腾半天，不过是让本来顺理成章的事早发生几天而已，算是什么狗屁功？而"夺门"之功是徐有贞的金字招牌，没有"夺门"，徐有贞算老几？因此，从肉体上消灭于谦是徐有贞的既定方针。

那么，徐有贞将要指控于谦什么呢？

这罪名完全出乎于谦的意料，也出乎当时舆论的意料，但也唯有这样的罪名才能置于谦于死地：谋立外藩，即指控于谦等人阴谋立襄王朱瞻墡的儿子做太子。朱瞻墡是明仁宗朱高炽的第五个儿子，明宣宗朱瞻基的五弟，明代宗和明英宗的五叔，封为襄王，封地在长沙。

徐有贞能为于谦拟出这样一个罪名来，真显示出阴谋家的才干与深刻，让永世千年后的读者都对此叹为观止。以道德的尺度来评骘，阴谋家都是坏人，但坏人并不都有资格被称作阴谋家。阴谋家是那种心术不正但又才智出众的人。

"谋立外藩"的事有没有呢？没有，根本就没这码事。明代宗没有这个意思，任何人都没有这样的活动。这个罪名完全是徐有贞等创造出来的。

可徐有贞不创造别的罪名，而刻意创造出一个"谋立外藩"来，用心阴损至极。

明代宗易储后，自己的儿子不久就死了，再没有第二个儿子可立，可是他又迟迟不肯恢复沂王的储位。朝野不禁纷纷猜测：他到底想立谁？难免会有人猜测他要立别的亲王的儿子为太子。明代宗宠信于谦，明代宗的任何决策都有于谦的影子。因此，说于谦"谋立外藩"，在外人听来有一定的可信性，沾边。假如你要指控于谦交通瓦剌，或者说于

谦想谋反，就没人信。顺应舆论，浑水摸鱼，这是第一。

第二，关于立外地藩王的儿子做太子的意见有没有呢？还真有。这事也出在前面提到过的刑科给事中徐正的身上。徐正在请求明代宗秘密召见时，曾建议将沂王尽快送到山东封地去，绝了人们恢复他储位的愿望，同时也提出过"别选亲王子育之宫中"。把外地藩王的儿子养在宫中干什么？当然是有朝一日立为东宫。可是这话让明代宗大为恼火，但又不能将这荒唐的建议公开，怕引起不必要的骚动，于是便找个别的理由把徐正处理了。除徐正外，再没有别人言及此事。从这件事的始末来看，明代宗没有立其他亲王儿子的意图，而于谦对此事全不知情。不过这确是事实。有事实就够了。阴谋家的高明之处就在于按照自己的愿望去改造事实，利用事实。

第三，这样的口实使明英宗复辟有了能够自圆其说的理由，明英宗最容易接受。当初明英宗被瓦剌人放回来时曾信誓旦旦地向全国臣民保证过，从此离休，不再管朝政。现在明代宗还没死，你凭什么又当皇帝？当然他也可以不理睬这种质问。不过身为一国之君，总要有君德，做出道德完美的样子，言而无信，抢班夺权，名声不好。有了"谋立外藩"这个理由，明英宗就可以堂而皇之地说，他的复辟是出于迫不得已，是为了不失皇位。

第四，这也使徐有贞、石亨等人的政治投机有了法理基础，确立其功臣地位。

第五，也是至关重要的一条，只有定这样一个事涉篡夺皇位的罪名，才能把于谦等人置于死地，把景帝时期的骨干大臣统统打下去。

为了造成一种声势，也为了使这个案件的处理符合相关程序，石亨与徐有贞唆使一些言官就以这个口径上疏参劾于谦等人。言官们也只好听命。任何强人都不愁找不到喉舌。对徐有贞的指控，王文坚称绝无此事。

徐有贞坐在刑部大堂上，指斥王文道："尔向来险刻，今犹狡辩！"

王文抗辩道："迎立外藩，须有金牌符信，遣人必用马牌。金牌在内府，马牌在兵部。究竟有无此事，可查验金牌马牌，何得信口诬人？"

按明朝的规定，调藩王或藩王的王位继承人世子进京，必须持尚宝司的金牌。襄王远在长沙，往来途中要用驿站的马匹，就要到兵部去领取马牌。金牌和马牌是有数的。如果牌子被人领走了，现存金牌和马牌对不上数。王文提出的反证自然是很有力的。

徐有贞当然知道事情是怎么回事，便道："事尚未成，自无动用牌符之理，有此用心亦罪在当诛，无妨定罪。"

王文大声吼道："犯罪须有证据，岂可不分虚实，以逆揣而陷人于死罪者？"

此刻，于谦对徐有贞的用意已经了然于心，便转头对王文道：

无言的结局

"徐有贞、石亨等欲报私仇，意欲我等速死，虽辩何益！"言罢便沉默不语。

都御史萧维祯是个见风使舵的无能之辈，此时完全按徐有贞的调子跳舞，见于谦这么说了，便喜上眉梢，笑道："于公可谓明白。事出朝廷，供死，不供亦死，何必枉费唇舌？"

于谦、王文"谋立外藩"案就这样审结。为了防止夜长梦多，徐有贞与萧维祯急忙捏弄出一个审理报告，并把当初广西都指挥黄竑上疏易储的事也跟于谦挂上钩，说是受于谦指使干的，然后上报给明英宗，仅把"谋立外藩"的"谋"字改作"意欲"，要求将于谦和王文立即斩首。后来有人把徐有贞给于谦加的"意欲"罪名，跟秦桧给岳飞加的"莫须有"罪名进行比较，认为都是历史上奸佞残害忠良的典型案例。岳飞的冤狱史称"三字狱"，于谦的冤狱称作"二字狱"。

据史书说，明英宗对此颇为犹豫不忍："于谦实有功，不宜处极刑。"

见明英宗一时难以决断，石、徐二人进一步进言："京师保卫战，非于谦一人之功，而是全体守城将士舍身奋战的结果。皇上仔细想一想，也先几次放言送还皇上，都被于谦以所谓的'社稷为重君为轻'而一一回绝。不仅如此，更易太子之议也是于谦唆使黄竑所为，像这种无君无父的奸佞之臣，岂能留在世上？更何况不杀于谦，皇上您复位则为无名！"

明英宗初时尚在犹豫，听罢此言，想到漠北之苦，南宫之恨，皆由于谦、明代宗所为，一股蓬勃的杀机，渐渐在其枯黄色的脸上聚涌，但一想于谦已是待死之囚，明代宗已被软禁西宫，要杀要剐全凭自己一时兴致，当前的重中之重，是将自己重登大宝的喜讯，与天下臣民分享。

正月二十一日，明英宗将复位诏书颁示天下，改景泰八年（1457年）为天顺元年，轻松完成了"两朝天子"的过渡。

朕昔年恭膺天命，嗣承大统，十有五年，民物康阜。不虞北虏之变，唯以宗社生民之故，亲率六师御之，而以庶弟郕王监国。不意兵律失御，乘舆被陷，时文武群臣即立皇太子而奉之，岂期监国之人遽攘当宁之位 既而皇天悔祸，虏酋格心，奉朕南还，既无复辟之诚，反为幽闭之计，旋易皇储而立己子，唯天不佑，未久而亡、杜绝谏诤，愈益执迷，矧失德之良多，致沉疾之难疗。朝政不临，人心斯愤，乃本月十七日，朕为公、侯、驸马、伯及文武群臣、六军万姓所拥戴，遂请命于圣母皇太后，祗告天地、社稷、宗庙，以今年正月十七日复即皇帝位，躬理机务，保固家邦。其改景泰八年为天顺元年，大赦天下，咸与维新。

复位诏书颁毕，石亨、徐有贞立即奏请明英宗，将于谦、王文押赴刑场，处以极刑。此时的明英宗再不犹豫，当即应允。

天顺元年（1457年）正月二十二日，一个极令人追忆和回味的日子，兵部尚书于谦、大学士王文被枭首示众，家属戍边。临刑之时，于谦恨望长天，涕泪满面，京城百姓无不失声痛哭，切齿大骂奸佞小人。

史称于谦被害时，"行路嗟叹，天下冤之"。当如狼似虎的锦衣卫奉命查抄于谦家产时，发现这位太子少保兼兵部尚书却家无余资，四壁萧然，只有一摞一摞的兵书。一向铁石心肠的锦衣卫官员，也禁不住潸然泪下，呜咽失声。

于谦含恨归西后，其尸体一直裸露街头，无人敢于收尸。都督同知陈逵为于谦忠义所感召，冒险收拾了于谦的遗骸，暂厝于西山。次年，于谦的女婿从南方千里迢迢赶来，将其灵柩运回故乡杭州，安葬于西湖边的青山之上，与岳飞的墓地相距不远。

千古奇冤

就在于谦死后不久，所谓的"阴有异图，迎立外藩"终于真相大白，明英宗虽心生悔意，毕竟木已成舟，无可挽回，只能留给后世子孙为于谦翻案了。

襄王朱瞻墡为明仁宗朱高炽第五子，明宣宗朱瞻基胞弟，以辈分论当为明英宗叔父，永乐二十二年（1424年）封为亲王，宣德四年（1429年）就藩长沙。明宣宗死后，明英宗不过八龄幼童，完全是一位浑蒙无知的储君，张太后私念一闪，命将襄王金符取于宫中，意欲用金符迎立自己的骨血襄王为帝，但左右权衡，最终未能付诸现实。直到明英宗即位后的正统七年（1442年），当她以太皇太后的无上尊荣撒手归西时。这一金符一直匿藏于她居住的宫中。

张太后欲立自己的儿子襄王为帝，固然心存私念，但更重要的一点是，在所有的亲王中，襄王早已成年且在朝野中口碑极佳，抛开血统因素，襄王应是承嗣大统的最合适人选。但朝局的变化，往往不以人的意志为转移，张太后虽能左右朝局，却左右不了襄王的命运。唯其如此，于谦的命运才愈显悲惨。

明英宗南归后，襄王曾不止一次地上书明代宗，请明代宗早晚至南宫省膳问安，朔望率群臣进谒，以尽君臣之道。但明代宗根本不予理睬，奏折每每留中不发。

于谦被捕后，明英宗下令查找襄王金符，以证实于谦是否有迎立外藩之异谋，遍查各王府金符，独独缺少襄王金符。凭着自己恶意的猜测，石亨、徐有贞断定必是于谦窃取无疑，这与自己最早的推断恰恰吻合。后来，曾奉伺于太皇太后张氏的宫监，言及曾在太后宫中见过此符。明英宗闻讯，急令宫监寻找，却发现金符早已被尘埃埋没寸余。直到此时，明英宗才始知枉杀了于谦。

不久，明英宗翻阅景泰朝文书奏折，无意中看到襄王上疏明代宗的几篇奏折，禁不住热泪滚涌而下，终于悟出自己不仅错杀了于谦，同时枉疑了襄王。于是下令褒奖襄王，并命地方官员为襄王预造园寝，破例特许襄王每年秋冬时节可与诸子出城游玩。

于谦左右朝中事务七年多，他举荐的人与直接得到他支持、帮助的人不计其数。可是当于谦暴尸街头时，竟没有一个人敢到跟前为之祭奠与哀悼，原因就是人们都知道皇上和当权者都恨于谦，怕被说成是于谦分子，或者划不清界限，受到株连。当此之时，倒是一些平时默默无闻的人显示出舍得一身剐的仗义。

最先大哭着扑上去的是于兴，但还没到于谦的遗体前，早被官军打得头破血流，昏倒在地上，还是老家人于信雇个车把他拉回来的。醒来后，他不吃不喝，一句话也不说，就是坐在台阶上发愣。还是于夫人含着泪来劝他，说你这些年对老爷也尽心了，如今老爷没了，事情肯定会株连家属。你不是于家人，不必跟我们一起遭罪，回河南去吧。又给他打了个包裹，装些银钱衣物，让他养家糊口，侍奉老爹。

曹吉祥的手下有一名指挥，名叫朵耳，平素跟于谦没有任何交往，完全出于对于谦的敬仰与于谦冤案的愤懑，亲自带上酒和祭品到于谦被杀的地方哭祭。曹吉祥知道了，气得用朴刀背打他。可第二天他照去不误，一边酹酒于地，一边放声大哭。

此时朝中开始了对于谦的声讨，一些人以此来向明英宗及石亨、徐有贞们献媚。明代宗时期没受到重用者，官没有当到足够大者，因为各种过失受到处分者，一时间，都成了于少保的受害者。当年于谦的老朋友、老同事，都像跟着贼做了什么丑事、坏事、亏心事一般，人人自危，噤若寒蝉。自顾尚且不暇，又有谁敢出来为于谦说句公道话。

于谦遇害后，他的妻子儿女，包括一直不在身边的儿子于冕都被押送到边远地方戍边去了，全部家产被抄没入官。

在查抄于谦的家产时，人们都以为他身居高位多年，家资不菲，即使不富比王侯，也应以万计。可是让人感到意外的是，翻遍他所有的大小房间，箱箱柜柜，发现于谦的家产仅供一家维持正常生活，没有多余的钱。最多的是书，到处是书，家里唯有书。后来终于发现有一间正房门很坚固，还加了一把大锁。这一下总算发现了于家存放金银细软的库房了。当人们把锁砸开，才发现里面只有一些加封白勺大小包裹。打开包裹一看，里面不过是明代宗皇帝多年来赏赐的蟒衣、战袍、铠甲、刀剑和玺书之类，何年何月因何而赐，都有记录。看到

这个场面，连抄查的官员和锦衣军校都禁不住黯然落泪了。

在于谦之后，还有一员武将被杀害，这就是都督范广，就是也先进攻京师时率领神机营在德胜门外重创敌军的那位。范广是辽东人，精于骑射，骁勇绝伦，又为人耿直，深得于谦信任。他一直作为石亨的副手，管理京军团营人马。石亨干一些不法事时，范广多有规劝，于是石亨就嫉恨他。范广又跟都督张轨不合，而张轨又跟石亨是一伙的。明英宗复辟后，石亨与张轨诬陷范广跟于谦一起谋立外藩。范广知道辩解也没用，索性不辩，声言："于少保功在社稷，清名一世，尚引颈受戮，广一介武夫，纵枉，死亦何憾！"范广的儿子也遭戍广西，家产也同样被抄没。

于谦死后，明代宗时期的其他大臣虽然保住了一条命，但也几乎都被赶出朝堂。内阁首铺陈循，尚书俞士悦、江渊，被遣送戍边。内阁的萧镃、商辂削职为民。老吏部尚书王直，老礼部尚书胡濙，内阁"二把手"高谷批准退休。

随着这些人黯然离去，剩下的朝臣在封赏"夺门"勇敢分子的基础上重新洗牌。

徐有贞担任内阁"一把手"兼兵部尚书，晋封武功伯加华盖殿大学士，赐号"奉天翊卫推诚宣力守正文臣"。石亨封忠国公。都御史杨善封兴济伯。石亨的侄子石彪封定远伯，出任大同副总兵。削去原大同总兵郭登的定襄伯爵位，改任南京都指挥佥事。封孙镗为怀宁伯，董兴为海宁伯。封明英宗当俘虏时的侍从袁彬为锦衣卫指挥同知。曹吉祥是太监，按惯例不能晋爵封官，他的养子曹钦封昭武伯，他的弟兄和侄子也有多人世袭锦衣卫的官职。郎中陈汝言破格迁升为兵部尚书，实际上主持兵部事务。

一看"夺门"有这大便宜，朝野文武不管有无，都往"夺门"的边上靠，人人争封赏，个个说夺门。单以石亨来说，他的家人、弟侄冒充"夺门"有功而取得锦衣卫官职者达到五十多人，他的部众、亲友因声称"夺门"有功而得到官职的竟然达到四千余人。而真正参与"夺门"的，包括士兵在内也不过几百人。撞坏一门，升官数千，"夺门"比打败瓦剌数十万大军的功劳可大多了！

明代宗时为易储事仍被关在狱中的章纶授礼部侍郎，追赠被杖毙的御史钟同为大理寺左丞，谥号"恭愍"，召回被遣戍的廖庄，任原官大理寺少卿。

曾向石亨推荐徐有贞的太常寺卿许彬也因"夺门"有功，进了文渊阁，同时入阁的还有吏部侍郎李贤等人。

百思不得其解的是，明英宗竟下令为祸国殃民的太监王振立祠。他还出面编织了一个童话，说王振被俘后坚贞不屈，被瓦剌人杀死，是他亲眼所见云云。

清白留世

于谦在兵部任职时，北有瓦剌也先，福建有邓茂七，浙江有叶宗留，广东有黄萧养，湖广贵州、广西瑶、壮、苗、僚等各地的叛乱也接连不断。为平定这些叛乱，各种指挥征调，都靠于谦大力运作。于谦智虑明敏，遇事剖断如流，当日的公务绝不留到第二天。当时军马倥偬，变化俄顷，于谦"目视指屈，口具章奏，悉合机宜"。同僚部下只是接受指令而已，大家无不骇服。于谦统军，号令严明，即使是勋臣宿将，有一点点不合纪律，于谦也要向皇帝请求下旨予以严厉批评。他的一纸命令下达，万里之外立刻执行，没有不严肃对待的。于谦才略开敏，精神周至，一时无人可比。土木之变后，于谦担任兵部尚书，毅然以社稷安危为己任，裁平祸乱，部署有方，因而被称为"救时宰相"。

于谦至性过人，一心投入公务，忧国忘身。明英宗回归后，于谦从来不提自己的功劳。明代宗也深知于谦，对于于谦提出的奏请没有不听从的。明代宗曾派人到真定、河间采野菜，到直沽造干鱼，这虽然算不了什么大事，但于谦认为这会扰民，向明代宗进言停止，明代宗立刻改正。明代宗要启用一人，一定私下征求于谦的意见。而于谦也必定会不避嫌怨，照实回答，毫无保留。于谦轻视那些无用的勋贵，因此一些不称职的官员都怨恨于谦，不被重用的官员也嫉妒于谦。于谦性格刚烈，遇事有不如意，就抚胸而叹，说："此一腔热血竟洒何地！"武清侯石亨因为统军失律而被削职，于谦为他请求皇帝宽宥。后来石亨得到了重用。石亨功不如谦，而得以封侯，于心不安，就到皇帝面前为于谦的儿子于冕要官。于谦知道后，说："臣于军功，力杜侥幸，绝不敢以子滥功。"石亨为此大为羞愧愤恨。于谦因为清正，得到皇帝的重用，却树了一些敌人。

于谦对自己很节俭，他的住所毫无修饰，仅蔽风雨而已。明代宗曾赐给于谦一座大住宅。于谦叩首辞谢，说："去病竖子，尚知此意。臣独何人，而敢饕此？"他说霍去病不过是一介武夫，尚且知道不居功。我于谦是什么人，敢随便贪图奖赏吗？明代宗不同意。但于谦在新宅，始终不居住正堂，而是把明代宗所赐的玺书、袍铠、弓箭、冠带等安放在正堂，加上封条，每到年节打开看一看。

当时国家多事，于谦常常忙于公务，就睡在值房不回家。明代宗任用于谦，也关爱于谦，于谦有痰病，疾病发作时，明代宗就遣太监兴安、舒良轮番去探望。听说他使用的东西太俭省，就命令宫中为他准备。明代宗甚至亲自到万岁山（今北京景山）砍竹子，榨汁赐给于谦治病。有人说明代宗宠于谦太过，太监兴安等说："彼日夜分国忧，不问家产。即彼去，令朝廷何处更得此人？"于谦死后被抄家，"家无余资，萧然仅书籍耳"。

于谦有大功于国家，却被无辜处死，天下无不为他称冤。皇太后起初不知于谦被杀死，知道消息后，嗟叹哀悼了多日。明英宗后来也为杀于谦而后悔。于谦死后，石亨的亲信陈汝言代为兵部尚书，不到一年，贪赃上万，明英宗召大臣们来看，说："于谦在景泰一朝得到信赖，但是死无余资。陈汝言的资财为什么这样多呀？"石亨俯首不能回答。遇到边境有事，大家更是怀念于谦。当时有人写诗"鹭鸶冰上走，何处寻于谦"，表达了人们的痛惜之情。

明宪宗即位之初，于谦的儿子于冕被赦免还乡。他向朝廷上书讼冤，于谦因而得以恢复官职、赐予祭祀。皇帝的诰敕说：于谦"卿以俊伟之器，经济之才，历事先朝，茂著劳绩。当国家之多难，保社稷以无虞。惟公道之独持，为权奸所并嫉。在先帝已知其枉，而朕心实怜其忠"。明宪宗还特派礼臣前往西湖祭祀于谦亡灵。明孝宗弘治二年（1489年）下诏，追授于谦为特进光禄大夫、柱国、太傅，谥肃愍，在墓旁赐建旌功祠，年节进行祭祀。万历年间，皇帝下诏，改谥于谦为"忠肃"。

于谦墓在浙江杭州西湖畔的三台山麓。杭州和他曾任过职的河南、山西，都对于谦奉祀不绝。

千锤万击出深山，烈火焚烧若等闲。

粉身碎骨全不惜，要留清白在人间。

这首诗虽然并不是于谦所作，但它是于谦精神的真实写照。于谦的精神将千古传诵。

于谦魂归故里后，每年都有大批善男信女到墓前进香拜谒。清代著名诗人袁枚在拜谒岳飞和于谦之墓后，曾信口吟出"赖有岳于双少保，人间始觉重西湖"的不朽名句。

无言的结局

附录一

于谦诗文选

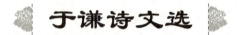

于谦诗文选

于谦

咏煤炭

凿开混沌得乌金，藏蓄阳和意最深。

爇火燃回春浩浩，洪炉照破夜沉沉。

鼎彝元赖生成力，铁石犹存死后心。

但愿苍生俱饱暖，不辞辛苦出山林。

北风吹

吹我庭前柏树枝。

树坚不怕风吹动，节操棱棱还自持，

冰霜历尽心不移。

况复阳和景渐宜，闲花野草尚葳蕤，

风吹柏枝将何为？

北风吹，能几时？

题苏武忠节图

（一）

南北分携别意深，相看彼此泪沾巾。

马蹄就道归乡国，雁足传书到上林。

耿耿孤忠天地老，萧萧衰鬓雪霜侵。

按图讲诵文山句，千古英雄共一心。

出　　塞

健儿马上吹胡笳，旌旗五色如云霞。

紫髯将军挂金印，意气平吞瓦剌家。

瓦剌穷胡真犬豕，敢向边疆挠赤子。

狼贪鼠窃去复来，不解偷生求速死。

将军出塞整戎行，十万戈矛映雪霜。

左将才看收部落，前军又报缚戎王。

羽书捷奏上神州，喜动天颜宠数优。

不愿千金万户侯，凯歌但愿早回头。

阅　　武

圣主当天致太平，守城阅武向边城。

一川花弄旌旗影，八面风传鼓角声。

雨镞穿云夸电疾，戈矛映日斗霜明。

三军锐气能如此，会缚戎王献玉京。

入　京

绢帕麻菇与线香，本资民用反为殃。

清风两袖朝天去，免得闾阎话短长。

夜坐念边事

萧然一室如僧舍，秉烛焚香坐夜阑。

却笑酒酣毡帐暖，谁怜漏水铁衣寒。

安知天下无三杰？但愿军中有一韩。

世事关心成感慨，旋移书卷就灯看。

远别离

远别离，何时归？出门子女争牵衣。

借问此行向何处？底事欲留留不住。

父子恩情深更深，可怜不得恒相聚。

远别离，无限愁，山行骑马水乘舟，

行人一去早回头。

登太行思亲

马足车尘不暂闲，一年两度太行山。

庭闱缥缈孤云下，游子思亲几日还。

春日吟

东风浩荡吹花柳，春风熏人如醉酒。

草生满地绿敷茵，桃李无言也笑人。

笑人年年常是客，底事欲归归未得。

归未得，可奈何？

太行南北千条路，不似离肠婉转多。

无　题

朝在太行南，暮在太行北。

问予何事苦匆匆？鞍马驱驰常是客。

笑而不答心自知，眷恋浮名好是痴。

昨日朱颜好滞酒，今朝白发已成丝。

远离乡国空老梦，怅望庭闱有所思。

君宠亲恩俱未报，窃禄无功补盛时。

太行山，不可举，

谁似山头白云好，才成霖雨便知还。

自　叹

我生四十余，已作十年客。

百岁能几何，少壮难再得。

今朝太行南，明日太行北。

风雪敝貂裘，尘沙暗金勒。

寒暑互侵凌，凋我好颜色。

齿牙渐摇脱，须发日已白。

位重才不允，况此迟暮迫。

为上乏勋劳，为下无德泽。

揣分宜退休，非惟慕奇特。

早赋归去来，庶免清议责。

日暮绛州道中

行行度山冈，望望指城郭。

云收雨意散，天晚日色薄。

万籁鸣笙竽，清风满岩壑。

虽云路途远，此景殊不恶。

到泽州

跃马天将暮，离山路转平。

川萦太行驿，树绕泽州城。

落日翻旗影，长风送鼓声。

孤云在天际，回首若为情。

暑月将自太行巡汴

三晋冲寒到，中州冒暑回。

山川元不改，节候自相催。

绿树连天暗，红葵向日开。

太行云缥缈，搔首意徘徊。

太行途中杂咏

碗子城边路，年来几度过？

山川认行色，花鸟熟鸣珂。

恋阙情何限，瞻云思转多。

于谦诗文选

壮怀成激烈，弹剑欲高歌。

秋晚山行

日落千山暝，风高万木凋。

深沟通曲径，独木架危桥。

客路空迢递，离情转寂寥。

驿楼看渐近，时听马萧萧。

太行山中晓行

月落日未出，东方隐又明。

云连怀庆郡，雾绕泽州城。

道路淹归计，关河动客情。

故乡不可见，搔首望神京。

遣　怀

才离汴水又并州，马上光阴易白头。

出处每怀心耿耿，是非谁较论悠悠。

貂裘不畏三冬雪，燕颔终封万里侯。

珍重晚来风景好，黄花老圃殿高秋。

交城道中

峰峦重叠树微茫，回首清源道路长。

僧屋数椽临野水，人家一半住山乡。

龙归洞口云烟湿，麝过林间草木香。

随处停骖问民俗，不知归鸟背斜阳。

晓发太原

鸣驺拥道出边城，月淡星疏骑火明。

驿路经行三十里，漏声犹自报残更。

雨中山行

湿云拖雨过前山，远树冥冥烟雾间。

碎石乱流人不渡，晚来唯有一僧还。

上太行

西风落日草斑斑，云薄秋空鸟独还。

两鬓霜华千里客，马蹄又上太行山。

夏日行太行山

信马行行过太行，一川野色共苍茫。

云蒸雨气千峰暗，树带溪声五月凉。

世事无端成蝶梦，畏途随处转羊肠。

解鞍盘礴星轺驿，却上高楼望故乡。

悯　农

无雨农怨咨，有雨农辛苦。

农夫出门荷犁锄，村妇看家事缝补。

可怜小女年十余，赤脚蓬头衣褴褛。

提筐朝出暮始归，青菜挑来半沾土。

茅檐风急火难吹，旋燕山柴带根煮。

夜归夫妇聊充饥，食罢相看泪如雨。

泪如雨，将奈何。

有口难论辛苦多，嗟而县官当抚摩。

日晚至文水

溪明寒日至，树暝夕烟生。

飞鸟随人语，长风扰树声。

鼓笳悲远戍，车马厌修程。

骑火前村起，山城候吏迎。

延津县

县治萧条甚，疲民疫病多。

可堪官失职，况是岁伤和。

空廪全无积，荒天更起科。

抚安才智短，独立奈愁何。

夜宿山馆书怀

萧然山馆似僧房，三尺寒檠一炷香。

风卷松涛清入梦，窗涵月色冷侵床。

倦来不觉良宵短，明发从教去路长。

但愿两藩民物阜，不知何处是他乡。

孝义县怀古

茫茫烟树绕孤城，千载犹传孝义名。

郭巨墓荒村草合，比干台古野烟生。

落花飞絮迷征旆，剩水残山恼客情。

鞍马匆匆无限意，不堪回首暮云平。

余吾道中

荒村古路人烟少，零落邮亭屋数椽。

野渡冰生寒雪后，遥山鸟没夕阳边。

思家怅望频回首，信马徐行懒着鞭。

归计不知何日定，眼前风景又残年。

过荥阳

鸿沟迢递接荥阳，芳草弥漫古战场。

说尽兴亡无限事，数声啼鸟在垂杨。

村舍耕夫

倚门皓首老耕夫，辛苦年年叹未苏。

椿木运来桑柘尽，民丁抽后子孙无。

典余田宅因供役，卖余鸡豚为了逋。

安得岁丰输赋早，免教俗吏横催租。

路旁老叟

路旁遗老亦堪悲，问者仓皇只泪垂。

恒产卖余无业次，比邻逃尽少亲知。

因祈雨与宫都帅王大参林宪副同坐晋老亭，有赋

晋祠风景好，览胜结幽亭。

水绕阑干碧，山环坐榻青。

衣冠祠下集，车马柳边停。

风木混疑雨，萧萧不厌听。

晋祠祷雨晓行

晓行数里未天明，路绕汾河听水声。

斜月带星横远汉，清风传漏报残更。

中心但愿灵祇格，远道何须父老迎。

好挽银潢化甘雨，溥沾率土润苍生。

忆风景，且以致望雨之意

悬瓮山前境趣幽，邑人云是小瀛洲。

群峰环耸青螺髻，合涧中分碧玉流。

出洞神龙和雾起，凌波仙女弄珠游。

愿将一掬灵祠水，散作甘霖遍九州。

喜雨（三首）

一

和气成甘雨，沾濡意转深。

一犁通地脉，万物识天心。

花柳知春意，山川起夕阴。

农夫咸喜悦，点滴值千金。

二

花外锦鸠啼，催来雨一犁。

眼前生意足，头上暖云低。

红透花枝重，青涵草色齐。

明朝出城郭，走马踏春泥。

三

日入千山黑，层云构夕阴。

于谦

一声雷送雨，万国土成金。

品物回生意，闾阎诵好音。

天公应有在，知我爱民心。

郑州喜雨

连日东风唤锦鸠，应时甘雨散群忧。

两间草木沾余润，万里江湖总细流。

生意无边回地脉，欢声随处戴天休。

客边怀抱从舒展，聊向花前捧玉瓯。

入春狂风大作，加以久无雨雪，因以自咎

朔风怒号不得止，漠漠埃尘涨天起。

入春已是一月余，翻觉貂裘薄如纸。

前朝飞雪天上来，间积郊原不盈指。

垄间宿麦正青青，无雨安能勃然起。

圣皇爱民如赤子，诏旨丁宁在人耳。

轻徭薄赋更恤刑，天意云何乃如此？

抚循失政固予罪，窃禄偷安心独愧。

于谦诗文选

愿移灾咎及予躬，免使苍生受憔悴。

望雨无寐晓起偶题

闻鸡推枕起，曙色渐分明。

树映旌旗影，风传鼓角声。

云霓常在望，天地岂无情。

坐待甘霖降，群黎各遂生。

夏日忆故乡风景

石榴树底红巾蹙，葡萄枝头露香玉。

熏风拂拂自南来，时向高堂扫炎燠。

湘帘半卷日迟迟，竹影参差柳荫绿。

红绡焕烂蜀葵开，金弹累垂卢橘熟。

端阳佳节竞繁华，角黍堆盘映醮酥。

一从游宦隔天涯，马首红尘厌驱逐。

有时飞梦绕钱塘，此景依然在心目。

今年夏月居晋阳，南北风土殊炎凉。

清和已过近五月，草木犹自愁飞霜。

故园物候不可见，尘沙塞草空茫茫。

云山望断几千里，小楼尽日徒徜徉。

梅花图为严宪副题

我家住在西湖曲，种得梅花绕茅屋。

雪消风暖花正开，千树珑璁缀香玉。

有时抱琴花下弹，有时展《易》花前读。

浩然清气满乾坤，坐觉心胸绝尘俗。

一从游宦来京师，几度梅花入梦思。

为君展卷题诗处，还似开窗对月时。

醉墨淋漓染毫素，笔底生春若神助。

调和鼎鼐愧无功，何时却踏西湖路。

夏日忆西湖风景

涌金门外柳如烟，西子湖头水拍天。

玉腕罗裙双荡桨，鸳鸯飞近采莲船。

春日吟

东风浩荡吹花柳，春气熏人如醉酒。

草生满地绿敷茵，桃李无言也笑人。

于谦诗文选

223

笑人年年常是客，底事欲归归未得。

归未得，可奈何？

太行南北千条路，不似离肠婉转多。

离　京

亲朋且莫唱离歌，垂老其如远别何？

白发渐从愁里长，青春半向客中过。

山寒日落人烟少，月冷江空雁阵多。

今夜客窗孤枕上，可怜无梦到銮坡。

寄　内

结发为夫妻，恩爱两相好。

生男与育女，所期在偕老。

我生叨国恩，显宦亦何早。

班资忝亚卿，巡抚历边徼。

自愧才力薄，无功答穹昊。

勉力效驱驰，庶以赎天讨。

汝居辇毂下，闺门自幽悄。

大儿在故乡，地远音信杳。

二女正娇痴，但索梨与枣。

况复家清贫，生计日草草。

汝惟内助勤，何曾事温饱。

而我非不知，报主事非小。

忠孝世所珍，贤良国之宝。

尺书致殷勤，此意谅能表。

岁寒松柏心，彼此永相保。

悼内（十一首）

一

垂老光阴两鬓皤，细君弃我竟如何！

夫妻一旦世缘尽，儿女百年恩爱多。

小阁空悬台上镜，春衣谁试箧中罗。

客边闻讣肠先断，泪落西风鼓缶歌。

二

世缘情爱总成空，二十余年一梦中。

疏广未能辞汉王，孟光先已弃梁鸿。

灯昏罗幔通宵雨，花谢雕栏蓦地风。

附录一

于谦诗文选

欲觅音容在何处？九原无路辨西东。

三

缥缈音容何处寻？乱山重叠暮云深。

四千里外还家梦，二十年前结发心。

寂寞青灯形对影，萧疏白发泪沾巾。

箧中空有遗书在，把玩不堪成古今。

四

尘寰冥路两茫茫，何处青山识故乡？

破镜已分鸾凤影，遗衣空带麝兰香。

梦回孤馆肠千结，愁对惨灯泪千行。

抱痛苦嫌胸次窄，也应无处著凄凉。

五

东风庭院落花飞，谐老齐眉愿竟违。

幻梦一番生与死，讣音千里是邪非？

凄凉怀抱几时歇，缥缈音容何处寻？

魂断九泉招不得，客边一日几沾衣。

六

房栊寂寞掩春风，百岁情缘一旦空。

世态不离生死内，梦魂多在别离中。

可怜孤馆月华白，犹忆香奁烛影红。

老眼昏昏数行泪，客边从此恨无穷。

七

结缘谁不愿齐眉，修短由来未可期。

老我方将安蔗境，细君先已赴瑶池。

花飞玉碎愁何限，绠断瓶沉势莫为。

清泪两行千古恨，眼看儿女益凄其。

八

别来音问每蹉跎，两地关情感慨多。

我欲承恩还北阙，子先归化梦南柯。

空闺镜破余残粉，断杼尘蒙失旧梭。

痛汝老怀谁与诉？临风唯有泪滂沱。

九

独对青灯坐夜阑，客边衣薄不胜寒。

因思旧事关情切，欲把遗书掩泪看。

花落香消人寂寂，台空镜破月团团。

梦魂割断幽明路，死别生离欲见难。

十

百川东逝更无还，生死由来一梦间。

苦雨凄风香阁冷，落花啼鸟绣帷间。

空于纸上看遗墨，无复灯前睹笑颜。

肠断不堪回首处，两行清泪万重山。

十一

痴儿弱女两相依，宿鸟惊巢各自飞。

尘锁镜台秋月冷，香消罗幔夜灯微。

双亲闻讣肠应断，百岁同心事已非。

垂老不堪生死别，客边日日泪沾衣。

七夕（二首）

一

夜静银河冷，天高玉露清。

双星缘底事？千古若为情。

二

华月窗间过，凉风扇底生。

抚时追往事，幽恨不分明。

冬至日思亲

客里逢佳节，天涯忆老亲。

葭灰初应候，梅蕊渐回春。

醉讶朱颜好，愁添白发新。

孤云常在望，翘首欲沾巾。

忆璚英

璚英一别已三年，梦里常看在膝前。

婉娩性情端可爱，娇痴态度亦堪怜。

诵诗未许知音节，索果惟应破俸钱。

白发双亲在堂上，关心为尔更凄然。

奔丧途中感怀

客愁无数满归舟，况复蝉声报早秋。

天际凉风吹乍急，人间好景去难留。

百年亲老归黄壤，半夜魂飞梦白头。

极目春兰何处取？万行清泪不胜流。

祭亡妻淑人董氏文

哀哀吾妻，既淑且贤。归于我门，二十余年。柔婉贞顺，委曲周旋。上奉舅姑，下睦姻族，庭无闲言，家道雍睦。女红之暇，诵读诗书，每有所得，辄为文辞。吾家素贫，日用节俭，子能安之，澹而弗厌。吾忝国恩，列官朝行，巡抚两阃，久阅星霜；子居京师，弱女相随，幽闲之操，人所共推。子当盛年，忽构气疾，发作无时，动经旬日。去岁之秋，疾势颇张，以书告我，我以为常。意者天相吉人，当不久而康复，胡造物者之不然，遂遽然而风烛。呜呼！死生世之大故，夫妇人伦大纲。子之疾也，吾不得为之诊视；子之逝也，吾不能与之永诀。生死异路，各天一方，虽有子而不得见，遗弱息兮谁与将？翳秋雨兮残灯，掩春风兮洞房。妆台静兮月冷，缣帏悄兮夜长。讣音远来，摧裂衷肠。吾今年濒五旬，须发苍苍，聪明弗及于前时，视听日就于渺茫。既往之日多，方来之日少，而罹此不幸，愈加痛伤。且夕男冕来京，当扶柩以还故乡。庸择吉地以妥灵光，待吾瞑目而后，与子同穴而藏。此则吾之本心，而亦人道之常。子如有灵，当于冥冥之中阴骘子女，而盛而昌；俾吾老不失所，子于春秋祭祀，亦有所望。吾以使命未即还京，因遣璚英奠此一觞。言有尽兮哀无穷，身虽远兮情弗忘，淑灵不昧，来格来尝。

于谦年谱

于谦年谱

明太祖洪武三十一年　1398年　一岁

明洪武三十一年四月二十七日午时，即公元1398年5月13日，于谦生于杭州钱塘县太平坊于氏祖居。

据于谦子于冕所作《先肃愍公行状》记载，于谦八世祖为汾州节度使，知开封府。七世祖为延津令。六世祖为定远大将军、沁水令。六世祖以上仅存官秩而佚其名号。五世祖于伯仪，曾任朝列大夫、太常丞兼法物库使，累赠嘉议大夫、礼部尚书、轻车都尉，追封河南郡侯。高祖于夔，累赠中奉大夫，河南江北等处行中书省参知政事、护军，追封河南郡公。曾祖于九思，曾任中奉大夫、广东道宣慰使、都元帅，后拜杭州路总管。于家至曾祖时，迁至杭州。祖父于文大，明初曾任兵部主事与工部主事。父亲于仁，终身不仕，为人沉毅方正、仁义好施，为杭州当地名士。

闰五月，明太祖朱元璋驾崩，皇太孙朱允炆即位，是为建文帝。

明宣宗朱瞻基出生。

永乐三年　1405年　八岁

于谦入私塾接受正规教育，私塾塾师评价于谦"长大非凡器也"。

永乐九年　1411年　十四岁

于谦常以诸葛亮、文天祥为人生榜样，作有《题咏赞跋》。

三月，疏浚黄河故道，以解河南水患。

七月，派兵征讨交趾。

浙江、湖广、河南、顺天、扬州分别遭受水灾，河南、陕西暴发瘟疫。

永乐十二年　1414年　十七岁

于谦乡试不第，依旧读书于三茅观，潜心求学。疑于本年前后作《石灰吟》。

永乐十三年　1415年　十八岁

于谦在县学，适有巡按御史视学，命于谦讲书，于谦讲明太祖所作《大诰》篇，御史不得不撤席跪听。

附录二

于谦年谱

永乐十九年　1421年　二十四岁

于谦通过会试考试，中进士，列三甲第九十二名，为主考官杨士奇所器重。

正月，正式迁都北京。

永乐二十年　1422年　二十五岁

于谦成亲，娶夫人董氏。

永乐二十一年　1423年　二十六岁

于谦奉敕赍金帛使湖广，犒劳官军，兼招抚川贵瑶僮，以廉干著称。

永乐二十二年　1424年　二十七岁

于谦自湖广返京复命，上疏弹劾湖广将官贪功妄杀之过，申明对待边远少数民族应以安抚为策。是年，长子于冕出生。

明仁宗洪熙元年　1425年　二十八岁

于谦在京候任。

五月，仁宗朱高炽驾崩，太子朱瞻基即位，改元宣德，是为宣宗。杨荣、杨溥、杨士奇俱入内阁，后人称之为"内阁三杨"。

明宣宗宣德元年　1426年　二十九岁

于谦授山西道监察御史。扈从宣宗朱瞻基亲征汉王朱高煦之叛。因平叛有功，受赏赉与诸大臣相同。

宣德二年　1427年　三十岁

于谦任江西巡按，赴江西清理积案，雪冤案数百，深受江西百姓称颂。

宣德五年　1430年　三十三岁

宣宗朱瞻基知于谦大才，越级提拔至兵部右侍郎，再以右侍郎名，巡抚晋豫，即今河南、山西两省。于谦开始十八年巡抚晋豫的仕宦生涯。

宣德十年　1435年　三十八岁

于谦任晋豫巡抚期间，抚恤流民五万余户。因赈济事，耽误入京议事。户科都给事中卜祯弹劾于谦不按期来朝之罪。英宗初即位，知于谦巡抚晋豫尽心竭力，不可罪，特宥之。

正月，宣宗朱瞻基驾崩。"三杨"等拥立朱祁镇即位，改元正统，是为英宗。仁宗、宣宗朝以来，吏治清明，注意与民休养生息，史称"仁宣之治"。

明英宗正统元年　1436年　三十九岁

于谦在晋豫巡抚任，上疏建言十事，均涉国计民生，朝廷重视，下礼部会议，多照准执行。

正月，发京师禁军就近屯田。

九月，封黎利子黎麟为安南国王。

蒙古瓦剌部与鞑靼部互相仇杀。

明代名臣顾佐去世。

正统二年　1437年　四十岁

于谦在晋豫巡抚任，奏免河南各府受水灾田地粮税。

正月，宦官王振越权干事，太皇太后张氏欲诛王振，未果。

正统四年　1439年　四十二岁

于谦在晋豫巡抚任，因任巡抚职满九年，升任兵部左侍郎，仍巡抚河南、山西。

正统六年　1441年　四十四岁

于谦在晋豫巡抚任，创设备仓。进京述职，因"两袖清风"诗得罪王振，被诬下都察院狱，论斩。后获释，降职为大理寺左少卿，仍巡抚河南、山西。

正月，发天下之兵，再征麓川。

王振专权之势愈盛。

正统十一年　1446年　四十九岁

于谦在晋豫巡抚任，治理黄河水患，于汴城黄河岸铸镇河铁犀，并亲作《镇河铁犀铭》与《祭河神文》。期间，夫人董氏病逝，于谦因治理黄河未能临终送别，遂终生不再纳娶。

正统十二年　1447年　五十岁

于谦在晋豫巡抚任，安抚山东、山西流入河南的饥民近二十万。其间，于谦父亲于仁病逝，于谦请求回乡丁忧守制三年，英宗不许，只准回乡奔丧。年末，因巡抚晋豫功绩，擢于谦兵部右侍郎，留部任事，于谦遂解十八年晋豫巡抚一职。

正统十三年戊辰　公元1448年　五十一岁

于谦在兵部任，母刘氏卒，于谦回杭州奔丧。丧毕，即回任视事。

正统十四年　1449年　五十二岁

于谦在兵部任，因"土木堡之变"，领兵部尚书衔，拥立郕王朱祁钰即皇帝位，领导北京保卫战，挽救大明王朝，获封太子少保，总督军务，成就"救时宰相"之名。

明英宗天顺元年　1457年　六十岁

正月，景帝病重而皇储未定，武清侯石亨、太监曹吉祥与徐有贞合谋，迎立英宗复辟。十六日夜，入南宫迎立英宗。十七日晨，英宗南宫复辟，即帝位，改元天顺。史称"夺门之变"。

正月二十二日，于谦以"意欲谋立外藩"之罪蒙冤遇害，终年六十岁。